Sigfried Abeles · Tams Reise durch die jüdische Märchenwelt

Tam fliegt mit dem Teppich über die Stadt.

Tams Reise
durch die jüdische Märchenwelt.

Fünfundzwanzig Kindermärchen nach jüdisch-volkstümlichen Motiven
von

Siegfried Abeles

Illustriert
von

Victor Kosak

Mit sämtlichen drei vom Kulturamt des
Jüdischen Hochschulausschusses, Wien,
für jüdische Märchen öffentlich
ausgeschriebenen Preisen
gekrönt.

Einhundert Jahre nach der ersten Veröffentlichung herausgegeben
mit dem vollständigen, von Bettina Darsow erfassten Text,
den von Amichai Green digital restaurierten Illustrationen
und einem Nachwort von Gabriele von Glasenapp
von Ulrich Leinz.

2022
Gans Verlag, Berlin

Tams Reise durch die jüdische Märchenwelt.

ie beiden Eltern und ihre vier Söhne saßen bereits um den weiß gedeckten Tisch, auf dem in der Mitte die Sederschüssel stand. „Wir müssen noch ein wenig warten", sagte der Vater. „Ich habe nämlich im Tempel einen armen, alten, fremden Mann getroffen, den habe ich zum Seder geladen." In diesem Augenblick öffnete sich die Tür und freundlich grüßend trat der Fremde ein. Wie erstaunt waren Mutter und Kinder über die stattliche Größe des Fremden und welch' langen, schönen, weißen Bart er hatte! Auch der fremde Mann setzte sich zu Tisch und bald las der Vater aus der Hagada vor.

Chacham, der schon groß wie ein Mann und sehr klug war, las fleißig mit. Rascha war wohl auch schon groß genug, um klug zu sein, er war aber ein sehr böser Junge. Plötzlich schlug er seine Hagada zu und rief: „Ich habe genug von dem langweiligen Vorlesen! Ich möchte schon essen!" Der Kleinste, der noch nicht sechs Jahre alt war, verstand nichts von all' dem, was er heute sah und hörte. Ruhig saß er vor der aufgeschlagenen Hagada, in der er noch nicht zu lesen vermochte, und immerfort lutschte er an seinem Finger. Auch der zehnjährige Tam saß ruhig da, ohne zu lesen, denn er konnte seinen Blick nicht von dem Fremden abwenden. Immer mußte er in dessen schöne, klare Augen schauen, immer mußte er den prachtvollen, weißen Bart betrachten.

Später, während des Mahles und nach dem zweiten Teil des Seder erzählte der Vater seinen Kindern noch viel von den Wundern des Auszuges aus Ägypten. Aber mehr noch und viel schöner erzählte der Fremde. Er war auch in Palästina, dem Lande unserer Väter gewesen und schilderte, wie schön es dort sei. Besonders viel erzählte er aus der Zeit des Propheten Elia. Chacham warf manche kluge Frage dazwischen, Rascha aber sagte: „Was kümmert mich all' das alte Zeug!" Und ohne ordentlich zu grüßen, ging er schlafen. Der Kleinste war schon lange beim Tisch eingeschlafen und die Mutter hatte ihn in sein Bett tragen müssen. Tam aber, der doch auch nicht groß war, blieb so lange wach, so lange der Fremde im Zimmer weilte.

Auch als er im Bette lag, konnte Tam keinen Schlaf finden. „Wie schön muß es im Lande unserer Väter sein", dachte er. „Morgen will ich nach Palästina gehen." „Aber ich kann nicht dorthin gehen", dachte er dann wieder, „ich weiß ja nicht, wo unser Land ist." Und als der Knabe endlich eingeschlafen war, sah er im Traum einen flammenden Wagen, mit feurigen Rossen bespannt, zum Himmel emporfahren. Plötzlich hielt der Wagen hoch oben in der Luft in seiner Fahrt an und der Mann, der darinnen saß, erhob sich. Es war der fremde, alte Mann. Der erschien dem Kleinen im Traum noch viel größer und schöner. „Du willst in das Land unserer Väter, kleiner Tam?" sagte der Greis. „Geh' nur und fürchte dich nicht! Ohne daß du mich siehst, will ich Dich durch tausend Wunder führen und dir viel Schönes zeigen. Was du nicht selbst sehen kannst, von dem sollst du hören." Rasch fuhr nun der flammende Wagen steil in den Himmel empor, so daß ihn Tam bald nicht mehr erblicken konnte.

Als dann der Knabe am frühen Morgen erwachte, kleidete er sich rasch an, um zu dem alten Mann zu gehen, von dem er so wunderbar geträumt hatte. Im Hof, durch den er mußte, krähte soeben der Hahn. „Warum bist Du heute schon wach, kleiner Tam?" fragte dieser erstaunt. „Wohin willst du gehen?" „Nach Palästina!" erwiderte Tam stolz. „Zuerst gehe ich aber zu dem alten, fremden Mann, der gestern in unserem Hause beim Seder gewesen. Ich muss ihn fragen, wo unser Land ist." „Weißt du denn, wo er wohnt?" fragte Herr Kikeriki. „Nein, er hat nur gesagt, daß eine arme Witwe ihn während der Feiertage bei sich wohnen läßt. Ich will nun zu all' den armen Witwen unseres Ortes gehen und ihn suchen." „Warum fragst du da nicht lieber mich?" sagte der Hahn etwas gekränkt. „Ich, der ich den Verstand habe, Tag und Nacht zu unterscheiden, werde doch auch so etwas wissen!" „Bitte, lieber Hahn, sage mir doch, wo unser Land ist." „Siehst du dort den großen Feuerball, die Sonne, mitten im Morgenrot? Dort ist Osten. Nach dieser Gegend wendet sich Dein Vater, wenn er betet. Dort liegt Jerusalem! Es ist aber sehr, sehr weit! Du musst Dir wohl etwas Essen mitnehmen, damit Du nicht hungrig wirst."

Da ging Tam in das Haus zurück, nahm einen kleinen Sack, steckte Mazzoth und einige Nüsse hinein, schnallte sich den Sack auf den Rücken und bald war er wieder im Freien. Er wanderte immer in die Richtung, in der er die Sonne erblickte. Und sonderbar! Wenn er einen Schritt machte, kam er wohl zwanzig Schritte vorwärts, denn der Weg mit all' den Bäumen und Häusern an seiner Seite kam ihm entgegen und rollte unter seinen Füßen weiter. Bald aber befand sich der Knabe in einem engen Tal, das von drei Seiten von hohen Bergen eingeschlossen war. Die Berge standen ruhig und wollten ihm nicht gleichfalls entgegen kommen. Da blickte er zum Himmel empor, um zu sehen, wo die Sonne stehe. Aber er merkte, daß sie höher emporgestiegen war und jetzt in einer anderen Richtung stand als vorher. Da wußte er nicht mehr, wo Osten war. Ratlos sah er sich um und endlich erblickte er eine Taube.

„Liebes Täubchen", sagte er, „kannst Du mir nicht sagen, wo ich nach Palästina komme?" „Das ist sehr weit!" erwiderte die Taube. „Ich war zwar noch nie dort, aber wo das Land ist, weiß ich wohl. Ich stamme nämlich von der Taube, die Noah ausgeschickt hat. Überall war damals noch Wasser und die arme Taube war vom vielen Umherfliegen schon so müde, daß sie halb ermattet in die Sündflut gefallen wäre. Doch da erblickte sie den Berg Zion. Das ist ein sehr niederer Berg. Trotzdem hatte das Wasser ihn nicht berührt und so wuchs auf ihm ein herrlicher Ölbaum, auf dem sie ausruhen konnte. Von diesem Baum hat sie das Blättlein gebrochen, daß sie Noah brachte. Wer dorthin will, muss über das hohe Gebirge steigen. Dann kommt das weite Meer, über welches ich noch nie geflogen bin." „Nun, so will ich jetzt über die Berge klettern!" sagte Tam mutig und wollte weitergehen. „Dazu bist Du viel zu klein und zu schwach", meinte die Taube. „Doch ich kann Dir helfen! Setze Dich nieder, ruhe Dich aus und iß ein wenig. Ich werde bald wiederkommen."

Rasch flog die Taube fort, und kaum hatte Tam gegessen und ein wenig im Grase geschlafen, da kam sie schon wieder zurück. Sie trug jetzt einen wunderbar glänzenden Wurm im Schnabel. „Das ist der Wurm Schamir", sagte sie, „der so lange wie die Welt besteht. Was man mit ihm berührt, das spaltet er. König Salomo ließ mit ihm die Steine formen, mit denen er den Tempel baute."

Tam nahm nun den Wurm Schamir, hielt ihn vor sich und sogleich öffnete sich der Berg so hoch und so weit, daß ein Junge bequem hineingehen konnte. Er betrat die Öffnung und schritt unter dem Gebirge immer weiter. Weil aber der Wurm hell leuchtete, war es gar nicht finster in dem langen, langen Gange. Als Tam endlich aus dem Gebirge hervorkam, wartete die Taube auf ihn. „Gib mir nun wieder den Wurm Schamir", sagte sie. „Ich muss ihn in sein Versteck zurücktragen. Und niemandem darf ich sagen, wo er sich befindet." Sie nahm den Wurm und flog mit ihm davon.

Nun blickte sich Tam um und sah vor sich das weite Meer. Wie sollte er über dieses unübersehbare Wasser kommen? Da kam plötzlich ein großer Fisch auf ihn zu, der war so lang wie ein Haus und in seinem Maul war gewiß so viel Platz wie in einem Zimmer. Tam fürchtete sich sehr und wollte schon davonlaufen, da rief der Fisch: „Fürchte dich nicht kleiner Tam! Mein Großvater hat wohl den Propheten Jona verschluckt, aber seit dieser Zeit haben wir Walfische einen so engen Schlund, daß wir keinen Menschen mehr verschlucken können. Und dich habe ich so lieb, daß ich dir nichts zuleide tun möchte." „Nun, so sage mir, lieber Walfisch", bat Tam, „wie komme ich denn da nach Palästina?" „Das ist sehr schwer!" meinte der große Fisch. „Ich habe weit und breit kein Schiff gesehen. Freilich könnte ich selbst dich nach Palästina bringen, aber vorher muß ich unseren König um Erlaubnis fragen."

Rasch tauchte er unter das Wasser und schwamm hinab, zum Meeresgrund. Dort lag Leviathan, ein Fisch, der so groß war, daß sein Leib um die ganze Erde herumging. Tam mußte nicht lange am Ufer des Meeres warten, denn bald kam der Walfisch wieder empor. Auf seinem Rücken lag jetzt ein Teppich. Der war völlig trocken, obwohl er vom Wasser herausgekommen war. „Ich darf dich nach Palästina tragen, lieber Tam", sagte der Walfisch. „Setzte dich auf meinen Rücken und hülle dich in diesen Teppich. Auf dem Meere wehen kalte Winde. Auch würdest du sonst durch die Wellen naß werden." Der kleine Knabe fürchtete sich noch immer ein wenig vor dem großen Walfisch, aber er wollte nach Palästina kommen und so stieg er langsam und ängstlich auf den Rücken des riesigen Tieres. „Ei, was ist das für ein sonderbares, prächtiges Muster!" rief er verwundert, als er den Teppich nahm, um sich darin einzuwickeln. „So herrliche Farben habe ich noch nie gesehen!" „Weißt du denn nicht", sagte der Walfisch, „daß König Salomo einen Teppich besaß, der fünfzig Meilen breit war und auf dem er, samt all' seinen vielen, vielen Soldaten, oftmals über alle Länder flog. Als nun König Salomo gestorben war, stahl einer seiner Diener diesen Teppich und flog mit ihm davon. Aber er verstand es nicht, mit dem Wunderteppich umzugehen, und so fiel er samt dem riesigen Teppich ins Meer und ertrank. Der Teppich gehört nun Leviathan, dem König der Fische. Er hat ein Stück davon abtrennen lassen und es dir geschickt. Auf diesem Stück darfst du ein einziges Mal über euer Land fliegen, um es Dir anzusehen." Tam freute sich, daß er in dem wunderbaren Gewebe so herrlich aussah und der riesige Fisch blitzschnell mit ihm durch das weite Meer schwamm. „So, nun bist du an deinem Ziel", sagte der Walfisch. Tam stieg, noch immer in den Teppich gehüllt, ans Ufer. Der Walfisch aber rief nur noch: „Friede sei mit dir!" und schwamm davon.

Neugierig sah sich der Knabe um. Da erblickte er in der Ferne einige Frauen, die hatten das Gesicht ganz mit Schleiern verhüllt. Auch einige Männer sah er. Die hatten dunkle Gesichter und trugen statt Kappen bunte Tücher um den Kopf gewunden. „Das kann doch nicht unser Land sein!" dachte der kleine Tam verwundert. „Wenn ich nur wüßte, wo es ist! Ich will versuchen, ob mir der Walfisch von dem Teppich die Wahrheit gesagt hat." Er stellte sich nun auf das wunderbare Gewebe und sogleich erhob sich dieses mit ihm in die Luft. Er trug ihn in schnellen Flug über ganz Palästina. Tam sah zur Erde hinab und als er die große, alte, schöne Stadt Jerusalem erblickte, rief sie ihm zu: „Hier ist Dein Land. In meinen Mauern haben die mächtigen Könige der Juden gethront!" Im Tale Hebron rief ihm die Höhle Machpelah laut zu: „Hier ist dein Land. Hier sind deine Stammeseltern begraben!" Und jeder Berg, jedes Tal, der große Fluß Jordan und jedes Wässerlein rief etwas, denn überall hatten die Juden etwas Großes vollbracht oder es war ihnen dort etwas wunderbares geschehen.

Dem kleinen Tam gefiel es sehr, daß ihn das ganze Land so begrüßte, dennoch war ihm bang zumute. „Ich sollte doch lieber gehen", dachte er, „vielleicht würde mir das Land besser gefallen." Kaum hatte er so zu sich gesprochen, da senkte sich der Teppich und trug den Knaben auf eine herrliche Wiese. Als er aber diese betrat, flog sogleich der Teppich fort und bald war er Tams Blicken entschwunden.

Die Wiese trug so hohes, schönes Gras und so herrliche Blumen, wie er noch nie gesehen hatte. Große Getreidefelder erblickte er und zum ersten Male sah er Datteln und Orangen auf dem Baume. Bienen flogen von Blume zu Blume, eine große Kuhherde kam vorbei und alles rief ihm zu: „Hier ist Dein Land. Dein Land, wo Milch und Honig fließt!" Dies gefiel dem kleinen Tam noch besser als sein Flug durch die Luft, aber noch immer war er ein wenig traurig.

Da kam ein Bauer, der eine Sense trug. Zwei Knaben begleiteten ihn und alle drei sangen ein hebräisches Lied, das Tam oft mit seinem Vater gesungen hatte. Seine Augen leuchteten hell auf, denn nun wußte er: „Ich bin wirklich in unserem Lande!" Der Mann, der Jehuda hieß, begrüßte den kleinen Wanderer herzlich, und dieser blieb bei dem jüdischen Bauern, lernte und arbeitete mit ihnen und war mit ihnen lustig. Und als Jehuda ihn einmal fragte: „Wie konntest Du so allein hierher kommen?" Da erzählte Tam alles, was ihm begegnet war. „Ei", sagte der Bauer verwundert, „da bist Du ja durch ein großes Stück der jüdischen Märchenwelt gereist! Auch ich gehöre zu denen, die manchmal in diese Welt blicken dürfen. Die schönsten Märchen sehe ich an Festtagen oder wenn ich in der Bibel lese. Ich will Dir nun an jedem Abend erzählen, was ich von der jüdischen Märchenwelt erblickt habe."

Märchen,
die der Bauer Jehuda
beim Lesen der Bibel gesehen hat.

Im Schweiße deines Angesichts.

Adam und Eva waren erst einige Stunden aus dem Garten Eden vertrieben, da spürten sie im Magen einen Schmerz. „Ich bin da! Ich bin da!" rief eine Stimme in ihnen. „In das Paradies habe ich nicht hinein dürfen. Jetzt will ich aber in den Menschen wohnen und ihr Herr sein. Ich bin es, der Hunger! Such' dir was zu essen, wenn du haben willst, daß ich dich nicht schmerze. Aber vertreiben wirst du mich auch durch Speisen nicht. Nur schlafen will ich dann eine Weile und immer wieder werde ich aufwachen und schreien: „Such' dir was zu essen!"

Und Adam und Eva gingen suchend umher, aber nirgends sahen sie einen der Bäume, die im Paradiese die wunderbaren Früchte trugen, von denen nur die Menschen essen durften. „Such' dir was zu essen! Such' dir was zu essen!" schrie der Hunger in Adam und Eva, und sie gingen immer weiter und weiter, aber nirgends konnten sie ihre gewohnten

Speisen finden. Der Hunger schrie immer lauter und schlug immer stärker gegen die Wand des Magens.

Da sah Eva, wie ein kleiner Vogel von einer Himbeerstaude Beeren naschte. Eva hatte noch nie so etwas gegessen, aber da der Hunger ihr sehr weh tat, ging sie hin und aß Himbeeren. „Iß auch", sagte Eva, „diese kleinen Früchte schmecken süß, wenn auch lange nicht so süß und wunderbar wie die Früchte des Paradieses. Auch schreit der Hunger nicht mehr so laut in mir." Aber in Adam begann er viel ärger zu lärmen als vorher. „Iß! Du mußt essen!" schrie er. „Sonst trete ich so stark in dir herum, daß du krank und schwach wirst"! Doch Adam berührte keine Beere. Eva pflückte alle Früchte vom Himbeerstrauch und aß alle. Ihren Hunger hörte sie aber noch immer leise rufen und immer noch tat er ihr ein wenig weh.

Da sah Eva, wie ein Hase an etwas nagte, das aus der Erde hervorguckte. Es war eine wildwachsende Rübe. Eva nahm die Rübe aus der Erde und biß hinein. „Ach!" rief sie. „Schmeckt dieses harte Ding häßlich! Aber es ist doch gut, denn mein Hunger geht schon schlafen. Iß doch auch von dieser Speise, Adam, die wunderbaren Früchte des Paradieses wirst du hier nirgends finden." Der Hunger in Adam tobte nun so sehr und stieß so heftig gegen die Wand des Magens, daß Adam glaubte, er müsse schon sterben. Dennoch aß er nicht.

„Herr", rief er zu Gott empor, „mir ist es nicht um die wohlschmeckenden Früchte des Paradieses. Ich würde mich wohl bald an den Geschmack der Kräuter von Wald und Wiese gewöhnen. Soll ich aber so leben müssen wie die Tiere, denen ich Namen gegeben habe und die im Paradiese von mir gute Sitten lernten? Soll ich keinen Vorzug mehr vor Vogel, Hase und Esel besitzen?"

Da sagte Gott: „Nun, so sollst Du im Schweiße deines Angesichts dein Brot essen." Sogleich wurde Adam froher. Jetzt aß er gern von dem, was er fand. Kaum aber war sein Hunger ein wenig eingeschlafen, da begann er wohlgemut den Acker zu bebauen und die Arbeit freute ihn sehr, denn sie sollte ihm eine Nahrung bringen, wie Sie keinem Tier zugewiesen war.

Noah und die Tiere.

I.

Die Arche Noahs fuhr erst kurze Zeit einsam auf den Wassern der Sündflut umher, da kamen der Löwe, der Tiger, der Wolf und der Adler zu Noah und sagten zu ihm: „Gib uns das Reh, das Schaf, den Hasen, die Henne und all' die anderen Tiere heraus, die Gott uns als Speise bestimmt hat. Gibst du sie uns nicht, so werden wir sie ohne Deine Erlaubnis fressen."

„Ich kann Euch die Tiere nicht geben", erwiderte Noah. „Ich habe doch von den meisten Arten nur ein Männchen und ein Weibchen hier und nur von den reinen je sieben Paare. Wie bald würdet ihr Raubtiere all' diese Geschöpfe getötet haben. Nach der Sündflut hättet ihr und hätten eure Kinder nichts zu essen und ihr müßtet alle verhungern."

Die Raubtiere murrten unzufrieden, denn sie waren sehr gefräßig und dachten nur an ihre Lieblingsnahrung. „Wenn ein Tier hier in der Arche ein anderes töten will", fuhr Noah zornig fort, „dann werfe ich den Friedensstörer ohne Erbarmen in das große Wasser." Da fürchteten sich die Raubtiere und schlichen stille auf ihre Plätze.

II.

Kaum waren die wilden Tiere fortgegangen, kamen das Reh, das Schaf, der Hase und die Henne zu Noah. „Lieber Noah", sagten sie zu ihm, „töte doch den Löwen, den Tiger, den Adler und alle die anderen Raubtiere. Dadurch würde später die Welt viel glücklicher sein als bisher. Du könntest dann ruhig durch den dichten Wald gehen und wir könnten uns ohne Sorge in Wald und Wiese unsere Nahrung suchen. Töte sie doch! Sie sind ja dir ebenso feindlich gestimmt, wie uns."

„Ja", sagte Noah, „wenn ein Löwe oder ein Wolf mir im Walde begegnet, oder wenn ein Fuchs sich in meinen Hühnerstall schleicht, so will ich sie töten. Hier in der Arche darf ich aber keinen meiner Feinde berühren. Es ist doch nur je ein Pärchen von ihnen hier. Sind sie nicht ebenso herrlich und meisterhaft gestaltet, wie ihr es seid? Nicht eine Art, die Gottes Natur geschaffen, soll der Welt verloren gehen!"

Das Reh, das Schaf, der Hase und die Henne konnten das nicht verstehen und sie murrten daher viel lauter, als zuvor die Raubtiere gemurrt hatten. Als aber Noah auch ihnen drohte, er werde sie, wenn sie nicht gehorsam seien, ins Wasser werfen, da schlichen sie gleichfalls stille auf ihre Plätze.

III.

Die Tiere in der Arche hielten nun immerfort Frieden miteinander. Das Schaf sprach ruhig mit dem Wolf, die Henne mit dem Adler und so wußten bald alle Tiere, was Noah gesagt hatte.

„Glaubt ihr", sprach da einmal der Fuchs, „daß Noah aus Güte unser Leben in Schutz nahm? Er will nur der Herr aller Tiere bleiben! Uns Raubtiere mag er jetzt nicht töten, weil er Vergnügen an der Jagd findet und er und seine Nachkommen unsere Felle brauchen; warum er die Haustiere, die ihm Fleisch, Wolle, Milch und Eier geben, nicht fressen lassen wollte, muß ich nicht erst sagen. Aber noch mehr! Noah ist sehr schlau! Wenn die Sündflut vorüber ist, will er mich und die anderen Raubtiere, genau wie den Hund, abrichten, sein Haus zu bewachen. Und dich, Reh, und dich, Gemse, will er zur Ziege in den Stall sperren und euch melken. Dich, Wildente, dich, Rebhuhn, und dich, Wildgans, will er in den Hühnerhof stecken und dich, wilder Büffel, will er mit dem Ochsen vor den Pflug spannen." Die Tiere wußten nicht, daß der listige Fuchs gelogen hatte, und schrien zornig: „Nein, nein, das darf nicht sein! Der Mensch darf uns nicht beherrschen!" Und der Wolf rief: „Wir sind mehr, wir wollen die wenigen Menschen töten!" „Nein", erwiderte jedoch der kluge Fuchs, „jetzt dürfen wir die Menschen nicht vernichten. Wer sollte uns dann füttern und Ordnung in der Arche halten? Aber wenn die Erde wieder trocken sein wird, dann wollen wir uns, sobald Noah die Tür geöffnet haben wird, auf ihn und seine Familie stürzen und alle Menschen zerreißen. Hernach werden wir uns nicht mehr fürchten müssen, daß uns jemand erschlägt."

Alle Tiere waren mit diesem Plan einverstanden, nur einige Haustiere, besonders der Hund und das Pferd, sprachen dagegen. Aber alle anderen Tiere redeten ihnen zu und bedrohten sie solange, bis die Haustiere endlich versprachen, den Menschen nichts zu verraten. Noah ahnte daher nicht, welch große Gefahr ihm drohte.

IV.

Je länger die Arche auf dem Wasser fuhr, desto heftiger sehnten sich die Tiere nach der Freiheit. Sie wollten im grünen Wald oder durch wogende Felder laufen, der Adler sehnte sich, hoch über den Zedern des Libanon, in den Lüften zu schweben. In ihrer Sehnsucht und Traurigkeit

vergaßen fast alle Tiere bald daran, daß sie sich vorgenommen hatten, Noah zu töten.

Und als die Arche auf dem Berge Ararat stand und zuerst der Rabe, hernach zweimal die Taube ausgesendet wurde, da wurden die Tiere immer unruhiger und sprachen oftmals davon, wie sie im Freien umhertollen wollten. Der Fuchs aber ging heimlich von Tier zu Tier und sagte: „Jetzt kommt bald unser Tag! Vor der Arche warten wir auf einander und dann stürzen wir alle gemeinsam auf die Menschen."

Endlich öffnete Noah die enge Tür der Arche. Er wollte aber von jeder reinen Tierart Gott ein Opfer bringen, darum mußten die Tiere in Ordnung paarweise die Arche verlassen. Zuerst kam das Löwenpaar. Die beiden wollten, wie es der Fuchs verlangt hatte, vor der Arche stehen bleiben, aber da erblickten sie in der Ferne einen Palmenwald und eilten freudig heulend auf ihn zu. Auch der Wolf lief sogleich voll Freude ins Dickicht. Da dachte der Fuchs: „Alle sind närrisch vor Sehnsucht. Was soll ich da allein dem Menschen anhaben können?" Zornig brummend ging auch er fort.

Einige Tiere blieben aber doch vor der Arche stehen. Das waren die Haustiere, die guten Freunde des Menschen.

Noah und der Wein.

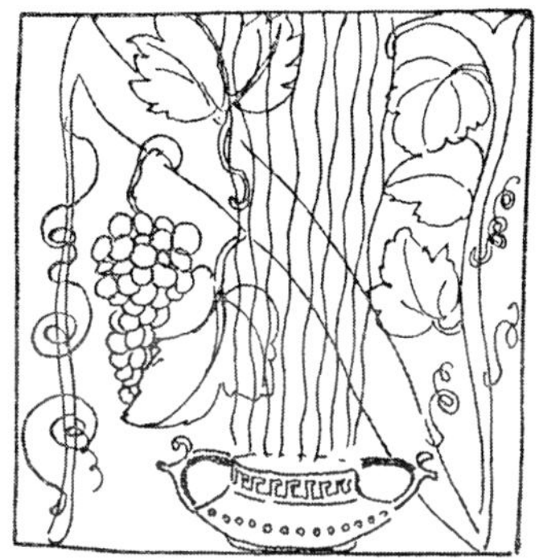

oah war der erste Mensch, welcher Trauben anpflanzte und Wein preßte. Er kannte die Eigenschaft des neuen Getränks noch nicht und darum leerte er einen Becher nach dem anderen. So war er bald betrunken, wußte nicht, was er tat und benahm sich so unverständig, daß sein Sohn Cham über ihn spottete. Später wurde dies dem Vater Noah erzählt. Da wurde er sehr zornig über Cham, aber auch über den Wein war er erzürnt.

„Ist das ein falsches, hinterlistiges Getränk", dacht er. „Es schmeckt süß und gut, will uns aber nur schaden. Zuerst hat es mich meines Verstandes beraubt und jetzt, da ich wieder zu denken vermag, fühle ich mich noch krank und schwach. Der Wein wird alle Menschen verlocken wollen und wird sie dumm und krank machen. Darum will ich morgen früh alle Weinpflanzen vernichten, dann werden meine Nachkommen nie etwas von den Trauben und ihrem hinterlistigen Saft wissen."

Als Noah nun schlafen gegangen war, erschien ihm im Traum ein Mann, den er lange vor der Sündflut gesehen hatte. „Kennst Du mich?" fragte die Traumgestalt. „Ich bin Tubalkain, der erfunden hat, wie man Eisen und Kupfer schmiedet. Meine Kunst hat viel Unheil angerichtet, denn die Menschen haben sich mit meinen metallenen Waffen gegenseitig getötet. Dennoch freue ich mich noch heute über meine Erfindung, denn wieviel schöne und gute Sachen kann man aus Eisen machen! Und du willst die köstlichste aller Früchte vernichten?"

Da erwachte Noah. Er ging zum Weingarten, aß einige große Weinbeeren und fühlte sich erfrischt. „Diese herrliche Frucht sollen auch die späteren Menschen kennen lernen und sie sollen sie sorgsam bauen und pflegen", sagte er zu sich. „Den Wein will ich aber nicht mehr berühren und ich hoffe, daß auch meine Nachkommen sich niemals von dem Geschmack dieses Getränkes verlocken lassen, Trinker zu werden. Ich will den Saft der herrlichen Frucht meinem Gotte weihen". Und er goß in das Feuer seines Opferaltars ein wenig Wein. Das gab einen so köstlichen Geruch, wie wir ihn an jedem Sabbatausgang wahrnehmen, wenn wir die Hawdalah im Wein verlöschen.

So ließ Noah die Trauben ungestört wachsen und besonders die Nachkommen seines Sohnes Sem waren stolz, wenn in ihren Weingärten die größten und wohlschmeckendsten Weinbeeren gediehen, aber sie waren auch stolz darauf, daß sie sich selbst vom besten Wein nicht verlocken ließen, sich zu betrinken.

Das Märchen von den Augen.

Einmal blickte Gott vom Himmel herab. Da sah er, daß die Menschen einen Turm bauten, der schon fast bis in den Himmel reichte. Einige Männer drohten zu ihm hinauf. „Wart", sagten sie, „bis der Turm hoch genug ist, schlagen wir ein Loch in Deinen Himmel, gehen hinein und nehmen ihn weg."

Als Gott dies hörte, nahm er eine Handvoll Sand, der allerlei Farben hatte, und streute ihn auf den Turmbau. Auf wen ein blaues Sandkörnchen fiel, der sprach eine Sprache, die er bisher noch nicht gehört hatte; auf wen ein gelbes Körnchen fiel, sprach eine andere Sprache. Weil die Sandkörnchen aber siebzig verschiedene Farben hatten, sprach fast jeder Mensch anders, so daß die Leute sich gegenseitig nicht verstehen konnten.

Ein Aufseher hielt eben einen Baststrick in der Hand, der von hoch oben herabhing. Er rief hinauf, ein Arbeiter möge herunterkommen. Der oben hatte aber verstanden: „Zieht das Seil hinauf!" Rasch zog er es samt dem Aufseher empor und der arme Mann mußte lange in der Luft zappeln. Ein anderer rief: „Zieht das Schaff hinauf!" Der oben hatte nur das Wort „Schaff" verstanden. Er ließ ein leeres Schaff hinunter und dieses viel dem Aufseher auf den Kopf. So kam es zu Zank und Schlägereien. Aber auch manches ernste Unglück geschah.

An dem Bau arbeiteten auch drei Freunde, die sich sehr lieb hatten. Zwei dieser Freunde standen eben beisammen, als sich die Sprache verwirrte. Plötzlich verspürten sie einen Stich in ihrem Herzen und als sie einander anredeten, erkannten sie, daß sie sich nicht zu verstehen vermochten. Da riefen ihre Herzen den anderen Körperteilen zu: „Ohr und Mund können sich nicht mehr mit meinem Freunde verständigen. Wer will es versuchen mit ihm zu reden." Die Augen antworteten: „Wir wollen es versuchen." „Wir wollen immer beisammen bleiben", sprachen sogleich die Blicke der beiden Jünglinge zueinander, „auch wenn wir uns jetzt nicht mehr durch die Sprache verständigen können." Die Freunde hatten sich verstanden und drückten sich die Hände.

Die Augen schweiften ängstlich umher und jeder der Jünglinge verstand, daß der andere den dritten Freund suche. Die jungen Männer stiegen nun suchend auf dem Baugerüst auf und ab und endlich fanden sie ihren Freund verwundet auf den Brettern liegen. Ein Stück Holz war auf ihn gefallen und hatte seinen Kopf verletzt.

Eiligst liefen beide auf ihn zu. Auch seine Augen hatten zur sprechen angefangen. „Bitte, helft mir!" sagten sie. Da suchten die zwei jungen Leute heilsame Kräuter, verstopften ihrem armen Freunde die Wunde und trugen ihn zur Erde hinab. „Ich danke Euch herzlich", sagten die Blicke des Verwundeten. „Bitte, verlaßt mich aber auch ferner nicht." Da gaben ihm die Freunde wieder mit den Augen Zeichen, daß sie einander nicht verlassen wollten.

Und ihr ganzes Leben hindurch sind sie Freunde geblieben, trotzdem ihre Zungen nicht die gleiche Sprache beherrschten.

Böse Geschichten aus Sodom.

Vor vielen, vielen Jahren ging einmal eines Abends ein Wanderer müde auf einem einsamen Weg dahin, da erblickte er einen Bauer, der eben seine Arbeit auf dem Felde beendete. „Lieber Freund", sagte der Wanderer, „ist es noch weit zur nächsten Stadt, wo man übernachten kann?" „Nein, es ist nicht mehr weit nach Sodom", erwiderte der Bauer. „Gehe aber lieber nicht dorthin, sondern komm' mit mir in mein einsames Haus und schlafe bei mir. Morgen aber, wenn du weiterreisen mußt, dann mache einen großen Umweg um die Stadt, denn es ist nicht gut, in Sodom zu tun zu haben."

„Sind denn die Einwohner von Sodom wirklich so schlimm, wie man überall erzählt?" „Ja sie sind sehr böse. Besonders schlecht sind diese übermütigen Leute gegen Arme und Fremde. Wer dort einem Armen ein Stück Brot gibt, wird schwer bestraft, wer einen Fremden zum Essen einladet, dem wird all' sein Gewand genommen. Wem aber in Sodom ein Unrecht geschieht, der kann nicht einmal beim Richter Gerechtigkeit finden, denn dort werden nur die Allerschlimmsten zu Richtern gemacht und so heißt der eine Richter „Lügner", der andere „Betrüger" und wieder ein anderer „Bestechlicher."

In dieser Stadt lebt auch ein Mann, der jeden Wanderer, den er erblickt, freundlich ladet, bei ihm zu schlafen. Der Fremde muß sich dann in ein viel zu kurzes Bett legen. Sobald er schläft, kommt dann der Sodomite und schlägt ihm mit einer Hacke die Füße ab, die aus dem kurzen Bett hervorragen. Dieser böse Mann wird nicht bestraft. Er ist sogar, weil er so grausam ist, einer der angesehensten Bürger Sodoms."

Der Bauer und der Wanderer sprachen noch miteinander, als sie von Sodom her einen Mann so langsam und gebeugt kommen sahen, daß er krank zu sein schien. „Was ist Dir begegnet, Freund?" sagte der Bauer. „Ach, es klingt unglaublich!" sagte der Gebeugte. „Ich kam gestern abends auf meinem Esel nach Sodom. Er trug auch einen kleinen

Schlauch mit Wein und einen Sack, in welchem sich geräuchertes Fleisch und ungesäuertes Brot, geröstetes Korn und Datteln befanden, denn ich habe noch weit und durch eine wüste Gegend zu reiten. Da kam mir ein Mann entgegen und fragte: „Mein Freund, willst Du nicht heute mit mir essen und bei mir nächtigen?" „Deine freundliche Einladung ist eine große Ehre für mich. Ich will gerne mit Dir in Deinem Hause speisen", sagte ich erfreut und erstaunt, denn ich hatte gehört, daß man in Sodom die Fremden verhungern lasse.

Ich ging mit ihm in sein Haus. Er, seine zwei Frauen, acht Kinder und ich nahmen bei Tisch Platz, doch kein Essen kam. „Warum bringst Du nicht endlich den Schlauch mit Wein und den Sack mit den Speisen?" sagte er nach einer Weile zu mir. „Wie", erwiderte ich erstaunt, „ich soll Euch zu essen geben? Du hast doch mich geladen!" „Nein, mein Freund", sagte aber der Sodomite, „Du hast mir versprochen, daß Du mit mir essen willst. Was man versprochen hat, das muß man auch halten. Schaffe daher rasch Deinen Mundvorrat herein, bevor ich ihn mir selbst nehme.

Da blieb mir nichts übrig, als Sack und Schlauch in das Zimmer zu bringen. Die Eltern und die acht Kinder aßen alles, was ich im Sack mitgeführt hatte und tranken meinen Wein. Mir aber ließen sie nur ein paar Datteln und ein kleines Stückchen Brot. Trotz meines Zornes mußte ich essen, denn sonst wäre ich vor Hunger umgefallen.

Nun wies mir der Mann mein Bett an. Als ich morgens aufstand, war er sogleich bei mir und sagte: „Zahle mir nun das Essen." „Wie?" sagte ich erstaunt. „Ihr elf Personen habt doch meine Speisen gegessen." „Eben deshalb mußt Du bezahlen!" erwiderte er. „Es ist doch eine große Ehre für Dich, daß wir Deine Speisen gegessen haben. Auch haben wir Deinem armen Esel dadurch die Last erleichtert."

Nach längerem Streit gingen wir zum Richter und ich erzählte, was mein sonderbarer Wirt von mir forderte. „Hast Du in seinem Haus gegessen?" fragte der Richter strenge. „Ja", antwortete ich, „aber meine Speisen!" „Hast Du an seinem Tisch gesessen?" „Ja, aber meine Speisen!" „Hast Du mit seiner Familie gegessen?" „Ja, aber meine Speisen!" „Wenn Du also in seinem Hause, an seinem Tische, mit seiner Familie gegessen hast", sagte nun der Richter, „dann mußt Du selbstverständlich bezahlen." Er nannte dabei eine so hohe Summe, daß ich nicht soviel Geld bei mir hatte. Man nahm mir daher meinen Esel weg, und weil ich nicht sogleich freiwillig bezahlt hatte, gab man mir auch noch fünfzig Stockstreiche auf den Rücken. Deshalb fällt mir jetzt das Gehen so schwer."

Inzwischen war ein Mann, der fast nichts anhatte, aus der Richtung von Sodom gekommen. „Was ist Dir begegnet, Freund?" fragte ihn der Bauer. „Ach es ist unglaublich!" sagte der Halbnackte. „Mein armes Kamel ist gestern während der Reise zugrunde gegangen. Da nahm ich den Strick, an dem ich das Tier geführt hatte und die Decke des Tieres und ging damit zu Fuß nach Sodom. Da erblickte mich ein Mann und lud mich ein, bei ihm zu nächtigen. Ich aß und schlief in seinem Hause und verlangte dann morgens, als ich meine Reise wieder fortsetzen wollte, die Decke und den Strick von ihm, die ich ihm zur Aufbewahrung übergeben hatte. „Von einem Strick und einer Decke hast Du geträumt?" gab er mir zur Antwort. „Das ist ein sehr guter Traum, der Strick bedeutet, daß Du lange leben wirst und die schöne Decke bedeutet, daß Du einen schönen Garten besitzen wirst." „Ich habe nicht geträumt", sagte ich, „ich habe Dir doch die Decke und den Stick wirklich gegeben." „Das ist ein sehr schöner Traum!" sagte er wieder. „Das Geben bedeutet, daß Du einmal selbst ein großes Geschenk bekommen wirst." Und weil er immer nur von einem Traum sprach, ich aber mein Eigentum zurückerhalten wollte, gingen wir zum Richter.

„Wo ist jetzt die Decke und der Strick?" fragte dieser. „Das kann ich doch nicht wissen!" sagte ich. „Wenn Du das nicht weißt", erklärte der Richter, „dann ist wirklich alles nicht wahr und Du hast von diesen Dingen nur geträumt. Weil aber Dein Wirt den Traum so gut zu deuten verstanden hat, mußt Du ihn für die Traumdeutung bezahlen." Da ich jedoch zu wenig Geld bei mir hatte, nahm man mir das Gewand weg.

„Seht", unterbrach ihn der Gebeugte, „dort kommt von Sodom ein stattlicher Kamelreiter. Das ist gewiß ein Sodomite! An dem wollen wir uns rächen!" Als nun der Reiter bei ihnen war, trat ihm der Halbnackte entgegen, erfaßte das Tier und fragte drohend: „Bist Du ein Sodomite?" „Nein", erwiderte der Reiter, „ich bin Elieser, der Diener Abrahams." „Da warst Du wahrscheinlich bei seinem Neffen Lot?" fragte der Bauer. „Ich hätte ihm wohl eine Botschaft bringen sollen, aber keiner von seinem Hause war daheim." „Wie ist es Dir in Sodom ergangen?" Elieser stieg nun ab. „Sehr gut!" sagte er. „Ich verstehe, weil ich schon viel herumreiste, mit allen Menschen umzugehen. Ich war vom Kamel gestiegen, um zu Lots Zelt zu gehen, da kam ein junger Mann und gab mir einen derben Schlag ins Gesicht. Noch stand ich überrascht da, als er sagte: „So nun bezahle mich für meine Mühe." „Bist Du närrisch!" antwortete ich. „Erst schlägst Du mich ohne jeden Grund und nun soll ich Dich auch noch dafür bezahlen!"

Wir gingen zum Richter. „Ja", sagte dieser, „wenn er Dich geschlagen hat, so mußt Du ihn für diese Arbeit bezahlen." Rasch gab ich dem Richter eine kräftige Ohrfeige. Erst bezahle mir meine Arbeit, dann will ich die seine bezahlen!" rief ich, ging weg und ließ den erstaunten Richter mit seiner geschwollenen Backe sitzen. Ich hatte nun großen Hunger und bat daher in einem Wohnzelt um ein Stück Brot. Man jagte mich aber mit groben Schimpfworten fort und ebenso erging es mir in einigen anderen

Häusern. Endlich kam ich in ein Haus, wo es sehr lustig zuging und viele Leute essend bei Tisch saßen. Sogleich erkannte ich, daß hier eine Hochzeit gefeiert wurde und setzt mich zu den Gästen. „Was will der Fremde hier?" riefen die Leute. „Wer hat Dich geladen?" „Mein Tischnachbar", sagte ich ruhig. Da erschraken die beiden Männer, zwischen denen ich saß, denn beide waren doch meine Tischnachbarn und sie fürchteten, daß man mir glauben und ihnen all' ihr Gewand wegnehmen würde.

In Sodom ist es ja ein sehr großes Verbrechen, einen Fremden einzuladen. So rasch sie konnten, entflohen sie. Ich setzte mich nun zu einem anderen und sagte: „Ich danke Dir herzlich, für Deine freundliche Einladung, hierher zu kommen." Da eilte auch dieser fort. So vertrieb ich alle Gäste, blieb zurück und aß und trank nach Herzenslust."

Der Bauer und die drei Wanderer lachten laut, denn es freute sie, daß jemand einmal den Sodomiten einen Streich gespielt hatte. Die

Männer sprachen noch längere Zeit miteinander und so erfuhr auch Elieser bald, was den anderen begegnet war.

„Kommt nun alle vier mit mir“, sagte der Bauer, „es wird sich in meinem Zelt für jeden ein Plätzchen im Stroh finden.“ Aber Elieser lehnte die Einladung dankend ab, denn er wollte möglichst rasch zu seinem Herrn zurück. „Ihr zwei“, sagte er zu dem Gebeugten und dem Halbnackten, während er das Kamel bestieg, „müßt auf Eurer weiteren Reise durch Berseba kommen. Vergesset dann nicht, in Abrahams Haus einzutreten. Ihr habt wohl schon von seiner Gastfreundlichkeit und seinem Reichtum vernommen. Wenn er von Eurem Unglück hört, wird er bestimmt jedem von Euch einen Esel geben, damit Ihr Eure Reise bequemer fortsetzten könnt, auch wird er Euch alles ersetzen, was man Euch in Sodom geraubt hat.“

Als nun Elieser fortgeritten war, gingen die anderen Reisenden frohgemut und getröstet mit dem gutherzigen Bauern.

Die Reise Eliesers.

Vater Abraham rief einmal seinen klügsten Diener, den treuen Elieser, und sagte zu ihm: „Nimm zehn Kamele, reise mit ihnen in das Land, in welchem ich geboren bin und suche dort unter den Mädchen meiner Familie eine Frau für meinen Sohn Isaak." Das hörte ein Engel, der den wackeren Isaak von allen jungen Männern der Welt am liebsten hatte. Von allen Mädchen schien ihm aber Rebekka das schönste und bravste zu sein. Diese gehörte zur großen Familie Abrahams, wohnte in dem Lande, in das Elieser nun reiste und hatte weder Abraham noch Elieser je gesehen. „Nur Rebekka darf meinen lieben Isaak heiraten", dachte der Engel. „Wie wird es mir aber gelingen, Elieser dieses Mädchen finden zu lassen?"

Als nun der treue Diener mit den zehn Kamelen fortritt, schwebte unsichtbar der Engel vor ihm. Dieser trug ein Kleid aus hellen, doch niemanden brennenden Flammen, und wenn das Kleid einmal einen Augenblick sichtbar wurde, glaubte Elieser, es blitze. Aber die Kamele sahen den Engel und weil sie ihm nahe sein wollten, liefen sie so schnell, daß sie an diesem Tag einen so weiten Weg zurücklegten, wie sonst an sechzehn Tagen.

So kam Elieser schon am Abend nach Haran, wohin er hatte reisen wollen. Er ließ die Kamele beim Brunnen lagern, welcher sich noch vor der Stadt befand und setzte sich selber zur Rast nieder. Der Engel aber eilte in das Haus, wo Betuel, der Vater Rebekkas, wohnte. Er wollte das Mädchen an den Brunnen bringen. Deshalb blickte er in alle Gefäße, und wenn er in einem Wasser sah, fuhr er mit dem Ärmel seines flammenden Gewandes darüber und sogleich war das Wasser verdunstet. Als nun Rebekka kochen wollte, war sie sehr erstaunt, daß sie kein Wasser mehr vorfand. Unverdrossen nahm sie einen Krug auf ihre Schultern und ging zum Brunnen. Dort bat Elieser sie um einen Trunk. Sogleich reichte sie ihm den Krug. Dann aber tränkte sie auch seine Kamele.

Da dachte Elieser: „Dieses brave Mädchen würde ich gerne als Frau für Isaak wählen." Er gab ihr eine goldene Spange und zwei goldene Armringe und fragte sie, ob im Hause ihres Vaters Raum für ihn und seine Kamele sei. „Ja", erwiderte sie. „Unser Haus ist groß genug, aber ich muß Dein Ersuchen erst meinem Vater melden. Er wird gewiß nicht unterlassen, Dich einzuladen." Sie eilte nach Hause, erzählte alles und als ihr Bruder den wertvollen Schmuck sah, sagte er: „Ich will gehen, diesen reichen, freigebigen Mann einzuladen." „So ziehe Dich doch anständig an und wasche den Staub der Arbeit ab", sagte Betuel, der Vater. Da wechselte Laban seine Kleidung und wusch sich.

Der Engel aber hatte erkannt, was der habgierige Laban Böses vorhatte. Er wollte Elieser beim Brunnen überfallen, ihn töten und ihm die Kamele und alles Gold, das er mit sich führte, rauben. Rasch tauchte daher der Engel seinen Finger in das Wasser und als dieses beim Waschen Labans Augen benetzte, sahen sie nicht mehr so richtig wie vorher.

Doch Laban, der nur an den Raub dachte, merkte dies nicht. Als er an den Brunnen kam, schien es ihm aber, als ob die Kamele in der Luft schwebten und Elieser noch höher frei in der Luft stünde. Da erschrak der böse Laban und fürchtete sich vor dem Manne, der solche Dinge vollbringen konnte. „Komm' doch, mächtiger Herr, in mein Haus", rief er daher. „Ich habe bereits für Dich und Deine Kamele Platz gemacht." Elieser ging nun mit ihm.

Aber auch Betuel, der Vater, wollte den Fremden, welcher so viele Schätze mit sich führte, töten, um sich die Kamele und das Gold anzueignen. Er gab daher in den Becher, aus dem Elieser trinken sollte, Gift.

Der Engel aber drehte heimlich den Tisch um, so daß der Becher mit dem vergifteten Wein nun vor Betuel stand.

Elieser erzählte sogleich, weshalb er gekommen war und fragte, ob Betuel seine Tochter Isaak zum Weibe geben wolle. Der Vater bejahte freudig. Als man zu essen und zu trinken begann, tat es dem Engel leid, daß die gute Rebekka noch am letzten Tag, an dem sie in ihrem Elternhause lebte, ihren Vater sterben sehen sollte. Wie dieser nun den Becher zum Trunk erhob, stieß daher der Engel seine Hand an und so vergoß Betuel fast den ganzen Wein. Er goß sich wieder den Becher voll und trank dann. Etwas Gift war aber doch in dem Gefäß geblieben und so mußte Betuel in einigen Tagen sterben.

Rebekka reiste mit Elieser und ahnte nicht, daß ihr Vater gestorben war. Als sie dann von Abraham und Isaak freundlich begrüßt wurde und sah, wie gut und fromm dort alle Leute waren, wurde sie fröhlich wie nie zuvor. Isaak und sie hatten sich sehr lieb und sie lebten glücklich und zufrieden miteinander.

Mutter Rahel.

Als Rahel gestorben war, hatte sie große Angst, daß es ihrem neugeborenen Söhnlein Benjamin ohne Mutter sehr schlecht gehen würde. Sie bat daher weinend den lieben Gott, manchmal auf die Erde zurückkehren zu dürfen, um zu sehen, wie es ihren Lieben gehe. „Ja, Du darfst dann und wann auf die Erde zurückschweben", sagte Gott, „doch wirst Du dabei viel Leid empfinden, denn wenn Du auch Elend sehen wirst, lindern wirst Du es nicht können."

Einmal weilte sie wieder unsichtbar in ihrem Grabe, da sah sie von weitem einen Zug ägyptischer Kaufleute kommen und zu ihrem Schreck erblickte sie in der Mitte der Karawane einen gefesselten Sklaven ohne Rock, in welchem sie ihren Sohn Josef erkannte.

Plötzlich begann es finster zu werden und ein fürchterliches Ungewitter brach los. „Was mag schuld daran sein", sprachen die Kaufleute, „daß diese Finsternis und dieses Ungewitter uns hindern, weiter zu reisen?" Da sagte Josef: „Hier in der Nähe befindet sich das Grab meiner Mutter und Ihr werdet nur dann weiterkommen, wenn Ihr mich allein dort hingehen lasset."

Erst glaubten die Ägypter, Josef wolle entfliehen. Aber er ging zu Fuß, wogegen sie Reittiere besaßen. Eine Flucht schien in dieser einsamen Gegend überhaupt unmöglich und daher ließen sie ihn endlich an das Grab. Josef warf sich auf dieses nieder und weinte laut. „Mutter, Mutter!" rief er. „Kannst Du mir denn nicht helfen!" Ein Sklave bin ich geworden und gehe in das Größte Elend! Meine bösen Brüder waren es, die mich verkauft haben!" Und als er so weinte, wurde sein Gemüt allmählich sanfter. „Ich weiß", sagte er, „daß ich auch selbst schuld an meinem Leid habe. Ich habe mit Absicht meinen Brüdern die Träume erzählt, die mir sagten, daß sie sich einst vor mir beugen würden. Ich blickte stolz auf sie herab, wollte unserm Vater der liebe Sohn sein und verleumdete sie bei ihm. Nun bin ich ein Sklave und bin schwer bestraft für meinen Stolz. Ach, Mutter, Mutter, bitte doch Gott, er möge mich bald wieder zu meinem Vater zurückbringen."

„Du wirst nicht lange so unglücklich sein, Josef", sagte da Rahel mit so leiser Stimme, daß Josef glaubte, er denke dies selbst. „Du bist ein tüchtiger kluger Junge und wirst Dich in Ägypten zu Ansehen durcharbeiten. Da Du aber nun das Elend kennen gelernt hast, wirst Du nicht mehr stolz und übermütig werden, wenn sich auch wirklich einmal Deine Brüder ehrfürchtig vor Dir beugen sollten."

Es hatte inzwischen zu regnen aufgehört, daher wurden die Kaufleute wieder mutig und zerrten Josef roh vom Grabe Rahels weg. Dennoch betrübte ihn dies nicht aufs neue, so sehr hatte ihn seine Mutter getröstet. Rahel aber schwebte fort, um nachzusehen, wie es Jakob, ihrem ehemaligen Manne, gehe.

Als sie unsichtbar in das Zelt trat, legten die Brüder eben vor ihrem Vater Josefs Rock hin, den sie zerrissen und in das Blut eines Zickleins getaucht hatten. Jakob erblickte kaum den Rock, da wurde es ihm dunkel vor den Augen und ohnmächtig fiel er zu Boden. Als er nach längerer Zeit wieder aufstand, weinte er heftig und schrie: „Mein armer Josef! Mein bestes liebstes Kind! Nun bist Du tot, von wilden Tieren zerrissen!" „Leider" logen die Brüder, „wir haben den Rock bei Sichem gefunden." Da begann auch Rahel zu weinen, obwohl sie wußte, daß Josef noch lebte und großen Glück entgegenging. Aber sie mußte weinen, weil die Brüder gegen ihren Vater so falsch waren.

Das Weinen der Verstorbenen klang jedoch derart mit dem ihres Mannes zusammen, daß jeder glaubte, Jakob weine so. Und der erschütternde Ton dieses Weinens ging den Brüdern so sehr zu Herzen, daß sie es heftig bereuten, Josef verkauft und ihren Vater getäuscht zu haben. Sie durften diesem aber nicht die Wahrheit gestehen, denn sie hatten sich zugeschworen, niemandem zu erzählen, was vorgefallen war.

Rahel sah die Brüder an und erkannte, daß sie durch ihre Reue wieder gute Menschen geworden waren und da sie auch wußte, daß Jakob seinen geliebten Sohn wieder finden werde, stieg sie ruhig und getröstet zum Paradiese empor.

Die Wölfin.

ie Vögel flogen über dem Walde eiligst hin und her. „Verbirg dich!", riefen sie jedem großen Raubtier zu. „Die bösen Söhne Jakobs kommen und wollen dich fangen. Wir haben selbst gesehen, wie sie ihren Bruder Josef als Sklaven verkauft haben. Ihren Vater aber haben sie getäuscht und nun glaubt Jakob, dass ein wildes Tier seinen liebsten Sohn zerriß. „Nehmt Stricke und Netze und geht in den Wald", sagte er, „fanget lebend ein wildes Tier und bringt es mir. Gott wird helfen, daß es wirklich das Tier ist, welches meinen lieben Josef zerrissen hat. Ich selbst will den Mörder meines Sohnes töten!" „Und nun kommen die bösen Söhne Jakobs, um irgendein Raubtier zu fangen. Verbirg dich! Die Söhne Jakobs sind so stark, daß es dir nichts nützen würde, wenn du dich zur Wehr setzen wolltest. Verbirg dich! Verbirg dich!"

Und alle wilden Tiere des Waldes verkrochen sich in Felsenhöhlen oder im dichtesten Gebüsch, nur eine Wölfin nicht. Sie hatte vor drei Tagen ihr Junges verloren und suchte nun unermüdlich Tag und Nacht nach ihrem Kind. Und weil sie in ihrer großen Sorge nur daran dachte, was wohl dem Wölflein geschehen sein könnte, hatte sie die Rufe der Vögel nicht gehört und lief hin und her, denn sie hoffte noch immer ihren kleinen Liebling zu finden.

Da ward ihr plötzlich ein Strick um den Hals geworfen und fest zugeschnürt. Die Söhne Jakobs hatten sie erblickt und gefangen genommen. Sie fesselten die Füße der Wölfin, wanden einen Strick um den Kopf, damit das Tier nicht beißen könne und dann trugen sie es zu Jakob. Bald stand das Raubtier gefesselt auf dem Tisch. Jakob ergriff ein Schwert und rief: „Nun habe ich dich, Mörderin meines Knaben. Du hast meinen lieben Josef getötet, deshalb sollst du von mir getötet werden!" Da riß plötzlich der feste Strick, der den Rachen des Tieres versperren sollte und die Wölfin sprach mit menschlicher Stimme: „Töte mich nicht! Ich bin unschuldig! So wie Du einen Sohn verloren hast, habe auch ich mein liebes Kindlein verloren. Vielleicht sind beide, Dein und mein Kind, sogar vom selben Löwen zerrissen worden. Ich selbst, das schwöre ich Dir, habe noch nie Menschenfleisch berührt."

„Armes Tier", sagte Jakob voll Mitgefühl, „auch du bist um dein Kind gekommen?" „Ach, schon seit drei Tagen kann ich es nicht finden", klagte die Wölfin. „Ich bitte Dich, laß mich frei! Um mein Leben würde ich nicht bitten, denn ich weiß ja, daß ihr Menschen uns wilde Tiere fürchtet und haßt. Aber meines Kindleins wegen bitte ich Dich. Vielleicht ist es in eine Grube gefallen und kann nicht hinaus, vielleicht liegt es verletzt irgendwo im dichten Gebüsch und muß vor Hunger sterben, wenn ich nicht komme und ihm Nahrung bringe. Ich bitte Dich, laß mich frei!"

Jakob fühlte großes Mitleid mit dem Tiere und löste ihm die Fesseln. Sogleich lief die Wölfin eiligst in den Wald. Sie jubelte nicht darüber, daß sie nicht getötet worden war, sondern rannte wieder ruhelos umher und suchte und suchte.

Nach einigen Stunden kam sie endlich zu einer nicht sehr tiefen Grube, worin sie etwas liegen sah, daß sie für ein totes Tier hielt. Rasch sprang die Wölfin hinunter und wirklich erkannte sie in dem toten Tier ihr verlorenes Kindlein. Wie fürchterlich begann da die Wolfsmutter zu heulen und zu klagen. In der Grube lebten viele giftige Schlangen. Mit einem einzigen Biß hatten die das Wölflein getötet. Als sie aber nun das Klagegeschrei der Raubtiermutter hörten, da fühlten sie Mitleid, verkrochen sich in ihren Löchern und taten der unglücklichen Wölfin nichts zuleide. Das Jammergeschrei des Raubtieres klang so herzzerreißend, daß die Bäume in ihrem Mitgefühl traurig die Köpfe neigten und alle Vögel zu singen aufhörten.

Plötzlich aber vernahm die verzweifelte Raubtiermutter einen wohlbekannten Laut oberhalb der Grube und blickte auf. Da sah sie ein noch sehr kleines, fremdes Wölflein. „Mutter! Mutter!" rief es. „Da bist du? Ich habe gesehen, was der böse Jäger und sein Hund mit dir gemacht haben. Als die beiden endlich weg waren, bist du ganz ruhig liegen geblieben, nicht ein bißchen hast du dich gerührt. Nicht einmal ansehen wolltest du mich! Aber ich bin dir nicht böse! Wenn Du nur da bist und mich anschauen kannst. Bitte komm' doch herauf zu mir!"

Da erkannte die Wölfin, daß die Mutter des fremden Wölfleins wohl vom Jäger getötet worden sein müsse. Das junge Tier aber war noch so klein und dumm, daß es jede Wölfin für seine Mutter hielt. Die Raubtiermutter in der Grube fühlte großes Mitleid mit dem fremden Wölflein. Sollte sie ihr totes Kind verlassen und wirklich zu dem armen dummen Tierchen hinaufspringen? „Mutter, Mutter, komm' doch!" rief es wieder hinunter. Da warf die Wölfin einen langen, zärtlichen Abschiedsblick auf ihr totes Kindlein, dem sie ja nicht mehr helfen konnte. Dann sprang sie hinauf.

Nun führte sie das fremde Wölflein im Walde umher, lehrte es allerlei Wolfskünste und hatte es bald so lieb wie früher ihr eigenes Kindlein.

Die Höhlenkindlein.

Als der böse König Pharao befohlen hatte, alle neugeborenen Hebräerknäblein müßten getötet werden, da waren die Juden sehr traurig und die Mütter suchten ihre Kindlein vor den Ägyptern zu verstecken. Diese aber umschlichen die Häuser der Juden und wenn sie glaubten, in einem Hause wäre ein neugeborener Knabe verborgen, dann brachten sie dort ihr eigenes kleines Kindlein hinein und schlugen es. Da begann das Ägypterkindlein zu schreien und zu weinen und sobald der jüdische Säugling das hörte, fing er auch zu weinen an. Das hatten die Ägypter wollen. Sie rissen sogleich das jüdische Knäblein aus seinem Versteck und warfen es ins Wasser.

Einmal fürchtete eine Frau, daß man auch ihr Kindlein in den Fluß werfen werde. Daher hüllte sie es in ein Tuch und eilte mit ihm hinaus ins Freie. Ängstlich blickte sie sich um, ob sie nicht verfolgt werde und überall suchte sie nach einem Versteck. Sie konnte jedoch keines finden. Als sie aber auf einem weiten Felde stand, öffnete sich plötzlich die Erde und die Frau erblickte eine Höhle mit schönen, glatten Wänden, die so groß war, daß einige Menschen darin stehen konnten. Schnell ging sie in diese hinein und legte das Kindlein nieder. Weil sie nun wissen wollte, ob kein Aegypter sie gesehen habe, trat sie aus der Höhle heraus und sah sich vorsichtig um. Kaum aber hatte sie die Höhle verlassen, da schloß sich diese. „Oh weh“, rief die arme Mutter, „nun hat die Erde mein süßes Kindlein verschlungen. Ach, könnte ich wieder zu ihm!“ Noch hatte sie dies nicht ausgesprochen, so öffnete sich abermals die Erde und in der Höhle lag lustig lachend das Knäblein.

Da erkannte die Frau, daß sie es nur zu wünschen brauchte, dann öffnete sich sogleich das geheime Erdkämmerlein ihres Kindes. Sie ließ daher den Knaben in seiner Höhle, die sich wieder geschlossen hatte, ruhig liegen, ging heim und erzählte den anderen Judenfrauen, was ihr begegnet war. Diese nahmen nun auch ihre Säuglinge, trugen sie auf das Feld hinaus und für jedes Kindlein öffnete sich eine kleine Erdkammer, die sich wieder schloß, wenn die Mutter fortging. Nun konnte kein Ägypter und auch kein wildes Tier den kleinen Jungen gewahren.

Aber die Ägypter schöpften Verdacht und beobachteten nun immer die Hebräerfrauen. Diese durften daher nicht wieder auf das Feld zurück und weinten sehr, weil nun ihre Kindlein in der Erde verhungern und erfrieren müßten. Den Kindlein ging es aber inzwischen gar nicht schlecht. Zu jedem Knäblein kam ein Engel, badete es und pflegte es und ließ es aus einem Stein Milch und aus einem anderen Honig saugen. Und jedem Säugling wuchsen die Haare so dicht und so lang, daß sie einen warmen Mantel um das Kindlein bildeten. Und weil Engel sie erzogen, wurden die Kinder sehr schnell groß und klug. Daher konnte jeder Engel schon in kurzer Zeit seinen Schützling zu den Eltern zurückführen.

Die Ägypter waren sehr erstaunt darüber, daß sie immer mehr Hebräer sahen. Sie hatten nie bemerkt, daß Knäblein geboren worden wären, und nun gab es plötzlich so viele große starke Jungen, die aussahen, als ob sie schon lange vor dem grausamen Befehl des Königs zur Welt gekommen wären.

Aber so sehr sich die Ägypter darüber die Köpfe zerbrachen, konnten sie doch nichts erfahren, denn kein Jude verriet das große Geheimnis.

Moscheh im Kästchen.

Mutter Jochebed hatte ihr neugeborenes Kindlein, Moscheh, so lieb, daß sie sich nicht von ihm trennen konnte. Daher trug sie es nicht aufs Feld in eine Höhle, sondern suchte es in ihrem Hause vor den bösen Ägyptern zu verbergen. Drei Monate gelang ihr dies. Dann aber entdeckten sie das Kindlein und zwangen die Mutter, es ins Wasser werfen zu lassen.

Miriam, die Schwester des kleinen Moscheh, stand nun traurig am Ufer des Niles und dachte. „Ach, das Kästchen mit meinem kleinen, lieben Brüderchen wird schließlich doch im Wasser versinken. Mein schöner Traum hat gelogen! Ich sah im Traume mein Brüderchen als großen Mann an der Spitze unseres Volkes, dem er den Weg in das Land wies, das Gott den Nachkommen Abrahams verheißen hat. Alle nannten ihn voll Ehrfurcht „unsern Lehrer!" und nun soll das arme Kindlein ertrinken!" Aber das Kästchen sank nicht. Denn kaum hatte es das Wasser berührt, da schlossen sich rasch viele Schilfblätter und andere Wasserpflanzen zusammen und trugen es sicher. Große Fische schwammen in der Nähe umher, um kein böses Tier an das Kindlein herankommen zu lassen. Aber die Sonne strahlte so heiß, als wolle sie das zarte Büblein verbrennen. Doch nein, sie wollte nur Menschen ans Wasser bringen. Und wirklich kam bald die Tochter Pharaos mit ihren Mägden, um im Flusse zu baden. Als sie das Kästchen im Schilf erblickte, sagte sie: „Holt mir doch das verschlossene Körbchen! Ich will das arme Hebräerknäblein, das wahrscheinlich da darinliegt, nicht zugrunde gehen lassen!" „Nein" erwiderten aber die Mädchen, „der König hat befohlen, alle Judenknaben ins Wasser zu werfen. Wir dürfen daher das Kindlein nicht retten."

Da kam plötzlich ein starker Windstoß und raubte dem einen Mädchen, das so gesprochen hatte, ein schönes Band, dem anderen einen Schleier, dem dritten entführte er ein Tuch, das es bereits abgelegt hatte.

Sie liefen nun, so rasch sie konnten, ihrem Eigentum nach, vermochtes es aber nicht es zu erhaschen. Sie liefen so schnell, daß sie stolperten und fielen. Aber sogleich jagten sie wieder den lustig flatternden Dingen nach. Nur einem Mädchen, welches der Königtochter sehr ergeben war, hatte der Wind nichts entführt. Die stieg nun ins Wasser und brachte das Kästchen.

Wie staunte Bitja, so hieß die Tochter Pharaos, über die Schönheit des kleinen Knaben. Schnell kam Mirjam zu ihr heran und fragte, ob sie nicht eine Amme für das Knäblein holen solle. Als nun die Königstochter „ja" sagte, brachte Mirjam ihre Mutter Jochebed. Diese nahm das Kind entgegen und sagte wie eine fremde Frau: „Ist das ein schönes Knäblein!"

Sobald sie aber in einem Zimmer des Königsschlosses mit ihrem kleinen Moscheh allein war, küßte und herzte sie ihn, tanzte jauchzend mit ihm umher und freute sich so, wie sich nur eine Mutter freuen kann, die ihr Kind gesund zurück erhält, von dem sie geglaubt hatte, daß es sterben müsse.

Und Bitja, die im anstoßenden Zimmer saß und dies hörte, war sehr erfreut, daß sie für ihren kleinen Schützling eine so lustige, liebevolle Amme gefunden hatte.

Die belagerte Stadt.

In einer Stadt lebte einmal ein guter König, der mußte mit seinen Soldaten in den Krieg ziehen. Da bat er seinen Freund, inzwischen die Stadt zu bewachen und alles zu besorgen, was sonst ein König tun muß.

Aber der Freund, Bileam hieß er, war ein böser Mensch und ein Zauberer. Kaum war der König fort, rief er alle Leute zu sich und sagte: „Euer König ist in den Krieg gezogen. Von nun an will ich Euch regieren. Bei mir werdet Ihr es viel besser haben als je zuvor. Alle will ich reich und glücklich machen!" Und solange redete er zu ihnen und so viel versprach er, daß sie ihn zum König wählten.

Sie fürchteten aber, der alte König würde mit den Soldaten zurückkommen und sie bestrafen. Deshalb errichtete Bileam im Osten und im Westen der Stadt hohe Festungsmauern, im Norden ließ er den großen Strom fließen, der früher fern von der Stadt sein Bett hatte. Im Süden aber sammelte er durch seine Zauberkraft Schlangen und Skorpione an. So war die Stadt von allen Seiten verschlossen und nur durch ein einziges Tor konnte man hinaus oder hinein.

Die Stadtbewohner erkannten jedoch bald, daß sie, als sie ihrem alten, guten König untreu wurden, nicht nur schlecht, sondern auch dumm gehandelt hatten. Bileam ließ sie schwer arbeiten und nahm ihnen fast alles fort, was sie besaßen. Wie wünschten sie nun den früheren König zurück! Aber gegen Bileam wagten sie nichts zu tun. Sie fürchteten ihn wegen seiner Zauberei.

Als nun der alte König siegreich vom Krieg zurückkehrte, war er beim Anblick der hohen Mauer sehr überrascht. Er dachte aber: „Mein Freund Bileam ist ein sehr kluger und vorsichtiger Mann. Er wollte die Stadt durch diese Befestigungen vor den Feinden schützen, weil alle Soldaten mit mir waren." Vor dem verschlossenen Tore rief er dann: „Öffnet mir! Ich bin es, Euer König!" Aber der Wächter öffnete nicht, weil Bileam es ihm verboten hatte.

Nun wurde der alte König über seine untreue Stadt sehr zornig und begann mit ihr zu kämpfen. Aber weil die Mauer so hoch war, die Stadtbewohner siedendes Öl herabgossen und der Zauberer mächtige Felsbrocken herabfallen ließ, fanden viele Soldaten den Tod. Am nächsten Tage wollte der König von Norden her angreifen und befahl seinem Heer, mit Booten über den Fluß zu setzen. Doch als sie in der Mitte des Stromes waren, ließ der Zauberer Bileam Wasser in die Fahrzeuge dringen. Diese kippten daher um und die Soldaten ertranken. Nach einigen Tagen versuchte der König wieder, sich der Festung zu nahen. Diesmal wollte er im Süden eindringen. Doch hier wurden die Kämpfer von den vielen Schlangen und Skorpionen gebissen und wieder mußten viele Menschen sterben. Da sah der alte König ein, daß er die Stadt nicht mit Gewalt erobern konnte. Er ließ daher für sich und seine Krieger Zelte errichten. Niemanden wollte er in die Stadt lassen und hoffte, daß dadurch die Leute dort bald keine Nahrungsmittel mehr haben würden. Dann würden sie wohl den schlechten Bileam vertreiben und ihn selbst wieder als ihren König anerkennen.

Jahre waren so vergangen. Da kam ein junger Mann ins Lager, der war schnell und stark wie ein Löwe, schlank wie eine Palme und schön und klug wie wohl sonst niemand auf der Welt. Als der König von diesem Fremden hörte, ließ er ihn zu sich ins Zelt rufen, und fragte ihn, wer er sei. „Ich heiße Moscheh, Sohn des Amram", erwiderte der junge Mann, „und bin ein Hebräer aus Mizraim." „Da hast Du doch schwer arbeiten müssen, bist geschlagen und geknechtet worden und dennoch siehst Du so königlich aus!" sagte verwundert der alte Herrscher. „Nein", erwiderte Moscheh, „ich selbst habe nicht Sklavendienste leisten müssen. Aber auch meine Brüder sind, trotz der Knechtschaft, herrliche, kräftige Menschen. Ich bin im Schlosse Pharaos wie ein Sohn des Königs erzogen worden, aber nie war ich froh und glücklich, denn stets mußte ich an meine armen Brüder denken. Einmal ging ich ins Freie und sah wie ein ägyptischer Aufseher einen Juden schwer mißhandelte. Das Mitleid mit meinem armen Bruder riß mich hin und ich schlug den Ägypter. Kaum hatte ich ihn aber berührt, so fiel er tot um. Am nächsten Tage sah ich, wie zwei Hebräer miteinander stritten und schließlich der

Stärkere den Schwächeren schlug. „Warum schlägst Du deinen Bruder?" fragte ich. „Wer hat Dich zum Richter über uns gesetzt?" gab der Mann

höhnisch zurück. „Willst Du mich auch so grausam erwürgen, wie gestern den Ägypter?" Und weil die beiden Hebräer nun zu Pharao gingen, mich bei ihm verleumdeten, ich hätte den Ägypter ohne Grund grausam erwürgt, mußte ich fliehen. Und nun weiß ich nicht, wohin ich mich wenden soll." „Willst Du bei mir bleiben?" fragte der alte König. „An Deinem strahlenden Blick erkenne ich, daß alles, was Du sprichst, wahr ist. Mir wäre es lieb, wenn ich stets einen so klugen Mann, wie Dich, an meiner Seite hätte."

So blieb Moscheh im Lager des alten Königs. Dieser aber starb in kurzer Zeit und hinterließ nur ein kleines Söhnchen. „Nein", sagten die Soldaten zu einander. „Wir führen jetzt Krieg und wollen endlich in unsere Vaterstadt gelangen. Da darf kein Kind unser König sein. Wir werden daher den Klügsten und Stärksten von uns wählen." Und sie wählten Moscheh zum König. Sogleich warfen sie alle ihre Mäntel auf den Rasen, so daß sie einen kleinen Hügel bildeten, setzten unter Posaunentönen Moscheh auf diesen Thron und riefen: „Heil und Segen unserem König!"

„Ich will nur solange Euer König sein", sagte der Gewählte, „bis das Söhnchen des Verstorbenen groß und weise geworden ist. Dann soll er regieren. Jetzt aber will ich vor allem trachten, die Stadt zu erobern." „Es lebe unser König!" riefen da alle Soldaten. „Wir wollen kämpfen! Wenn noch so viele von uns fallen, wir müssen endlich die Mauern erstürmen und in unsere Heimatstadt gelangen!"

„Wenn Ihr mir gehorchen wollt", entgegnete Moscheh, „so werden wir in die Stadt kommen, ohne einen Schwertstreich zu tun und ohne einen Tropfen Blut vergießen zu müssen. Um dies zu erreichen, müßt Ihr nichts weiter machen, als viele Störche fangen und sie abrichten, Tiere zu jagen." Die Soldaten verstanden zwar nicht, wozu dies dienen solle, aber weil sie wußten, daß keiner von ihnen so klug wie Moscheh war, gingen sie alle in den Wald, an den Bach und zum Sumpf und machten mit Netzen und Schlingen Jagd auf die Störche. So war bald eine ungemein große Anzahl dieser Vögel im Lager.

Nachdem die Störche abgerichtet waren, befahl Moscheh, sie drei Tage hungern zu lassen. Dann ließ er sie alle dorthin bringen, wo die Stadt durch die Schlangen und Skorpione vor einem Angriff gesichert war. Jetzt wurden die Störche losgelassen. Da waren freilich bald alle Schlangen und Skorpione von den hungrigen Vögeln aufgefressen.

Als die Soldaten dies sahen, jubelten sie laut, aber auch die Bewohner der Stadt freuten sich sehr, daß nun der böse Zauberer nicht mehr länger ihr Herrscher sein würde. Die Soldaten marschierten ruhig, und ohne daß jemand mit ihnen gekämpft hätte, ein. Bileam aber konnten sie nirgendwo finden. Er hatte seine Zauberkraft benützt, um mitten durch die Erde zu flüchten.

Nun, da Moscheh der König der Stadt war, ging es wirklich den Leuten besser als je zuvor. Denn Moscheh war gerecht und gütig und half jedem, der irgendwelcher Hilfe bedurfte. Als aber nach mehreren Jahren der Sohn des alten Königs endlich erwachsen war, reiste Moscheh wieder weiter, so sehr ihn auch alle Leute baten, bei ihnen zu bleiben.

Auch der junge König regierte nun weise und gerecht, denn er war von Moscheh selbst erzogen worden.

Das goldene Kalb.

Als Moscheh zur festgesetzten Stunde noch nicht vom Berge Sinai zurückgekehrt war, glaubte das Volk, sein Führer sei bereits gestorben. Es zwang nun Ahron, einen Götzen aus Gold zu bereiten. Sobald nun das goldene Kalb fertig war, beugten sich die Leute vor diesem, faßten sich an den Händen und tanzten, Loblieder singend, um das steif stehende Götzenbild herum.

Während dieses Tanzes kam aber Moscheh vom Berge herab, und als er sah, was geschah, warf er die beiden Steintafeln mit den zehn Geboten, die er von Gott erhalten hatte, in seinem Zorn zur Erde, wo sie zerbrochen liegen blieben. Dann aber ging der große Prophet auf das Kalb zu und ergriff es. „Was erlaubst Du Dir!“ rief dieses. „Weißt Du nicht, daß ich ein Gott bin!“ Da lachte der ernste Moscheh höhnisch auf und warf das goldene Tier ins Feuer.

Inmitten der großen Flamme fühlte das Götzenbild sogleich, daß es zerschmelzen müsse. „Ach“, sprach das Kalb, „ich muß sterben! Ich bin doch kein Gott, wie ich geglaubt hatte. Und Du Gott, willst Dich an mir rächen, weil ich mich verehren ließ. Aber ich wußte früher nicht, daß Du Gott bist, Du große, blutrote, funkensprühende Flamme. Ach, knistere doch nicht so voll Zorn und umarme mich nicht so heiß. Laß mich leben! Ich will überall sagen, daß ich kein Gott bin! Du zerdrückst mich durch Deine Umarmung! Schau', meine Füße beginnen schon wie Wasser zu fließen.“

„Auch ich bin kein Gott“, sagte knisternd und prasselnd die Flamme, während sie große Funken umhersprühte. „Gott ist derjenige, der mich anfacht und wider auslischt.“

„Wind, dann bist Du Gott“, sagte das goldene Kalb. „Weil Du bläst, flackert die Flamme so heftig und tötet mich! Ich bitte Dich, blase noch stärker und lisch sie aus! Ich will Dich immer verehren und als Gott anerkennen.“

„Hu, hu!" lachte der Wind, daß die Flamme noch heftiger flackerte und noch lebhafter brannte. „Du dummes Tier hältst mich für Gott! Den kann doch niemand sehen!"

„Niemand kann ihn sehen?" fragte das goldene Kalb. „Nun weiß ich es, ich bin doch ein Gott gewesen! Und ich gehe auch nicht wirklich zugrunde. Schau', das Gold, das von mir schon runtergeflossen ist, bleibt liegen und kann nie ganz verschwinden. Noch in tausend Jahren werden die Menschen es verehren. Ja, ich war ein Gott!"

Doch weiter konnte das dumme, stolze Kalb nicht mehr sprechen, denn nun war es schon ganz zerschmolzen. „Hu, hu!" lachte der Wind, „wie sich der dumme Götze auch jetzt noch einbilden konnte, ein Gott zu sein!"

„Mit allem hatte er aber nicht Unrecht", meinte die Flamme, „sein Gold kann ich nicht aufessen. Ich habe es nur zerschmelzen können. Es wird daher nie verschwinden. Aber das Gold wird von den Menschen immer hochgeschätzt. Wenn sie es auch nicht für Gott halten, so lieben und verehren es die meisten doch viel mehr, als sie es tun sollten."

Kaum aber hatte die Flamme so gesprochen, da nahm Moscheh das Gold, zerrieb es zu Staub und streute diesen ins Wasser. Als die Leute nun das Wasser tranken, war bald das letzte Stäubchen von dem dummen goldenen Kalb verschwunden.

Märchen, die der Bauer Jehuda im alltäglichen Leben gesehen hat.

Der böse Hersch.

I.

Hersch war erst acht Jahre alt, aber der schlimmste Knabe des Ortes. Wenn irgendwo ein Kind etwas angestellt hatte, ohne daß man wußte, welches, sagte jeder sogleich: „Das hat gewiß wieder der kleine Hersch getan!"

Schlimm ist wohl jeder Junge ein wenig, Hersch war aber außerdem auch böse und grausam. Jedem Hunde warf er Steine nach, Katzen und Hühner hatte er schon oft in den Teich geworfen und jedem krummen, höckerigen oder etwas dummen Menschen rief er Spottnamen nach. Er fürchtete nicht den Stock des Vaters, nicht die zornigen Blicke der Leute, aber etwas fürchtete er doch: das Wasser. Niemals wollte er sich waschen, und wenn ihn einmal die Mutter wusch, dann wehrte er sich und schrie, als ob man ihn töten wollte. Trotzdem hatten ihn die Eltern und auch viele andere Leute lieb, denn er war ein schöner, kluger Knabe.

Einmal ging ein langbärtiger, fremder Mann durch das Städtchen. Er stützte sich auf einen Stock und weil er sehr alt war, war sein Körper stark gebeugt. „Alter Zottelbär! Buckliger, alter Zottelbär!" rief ihm Hersch nach. Da hob der alte Mann die rechte Hand und sprach: „Wie böse und hartherzig Du bist, ebenso häßlich und dumm sollst Du sein!" Sogleich wurde das rosige Gesicht des Knaben braun, seine Augen wurden schief und seine Nase lang. Auch einen kleinen Höcker bekam er. Hersch wußte zwar nicht, was mit ihm vorgegangen war. Aber ihm wurde sonderbar ängstlich zumute, deshalb lief er eiligst nach Hause.

Als er dann daheim ins Zimmer trat, sah ihn die Mutter erstaunt an und fragte: „Wer bist Du, Junge, und was willst Du?" „Hungrig bin ich, Mutter!" erwiderte Hersch schreiend. „Gib mir was zu essen!" An der Stimme und an den Kleidern erkannte die Mutter zu ihrem Schrecken, daß der häßliche Junge ihr Hersch war und begann laut zu weinen: „Was ist Dir geschehen, mein Kind? Was hat Dich so verwandelt?" „Gib mir zu essen, sonst haue ich alles zusammen!" antwortete Hersch.

Die Mutter brachte rasch ein Butterbrot, denn sie fürchtete sich plötzlich vor dem häßlichen Knaben. Dabei weinte und jammerte sie laut und schüttelte den Kopf, denn sie hatte noch nie von einer Krankheit gehört, die einen Menschen so plötzlich häßlich und dumm machen konnte. Nachdem er gegessen hatte, führte sie ihn, so sehr er sich auch sträubte, zum Arzt. Dem war aber eine solche Krankheit unbekannt. Auch der Rabbiner, dessen Weisheit sehr berühmt war, konnte hier nicht helfen.

II.

In demselben Ort lebte ein gutherziger Lehrer, der viele Knaben in seiner Wohnung unterrichtete. Er lehrte sie Hebräisch, las mit ihnen in der Bibel, aber auch alles andere unterrichtete er und besonders freute es ihn, dumme Kinder klug und schlimme brav zu machen.

Als dieser Lehrer von der sonderbaren Erkrankung des kleinen Hersch gehört hatte, ging er sogleich zu der unglücklichen Mutter und sagte: „Der Doktor und der Rabbiner wußten Deinem Kinde nicht zu helfen, vielleicht bin ich hier der rechte Arzt. Freilich, schön und gerade kann ich den kleinen Hersch nicht mehr machen, aber klug wird er wohl wieder werden, wenn Du ihn zu mir in die Schule schickst."

Das hörte die Mutter gerne. Doch als Hersch am nächsten Tage zum Unterricht gehen sollte, sträubte er sich, weinte und schrie. Die Mutter lief verzweifelt zum Lehrer und erzählte ihm alles. Da kam dieser selbst, setzte sich den Knaben, so sehr der auch heulte und zappelte, auf die Schulter und trug ihn in die Schule. So mußte sich der Lehrer noch oftmals seinen Schüler abholen, bis dieser endlich doch von selbst kam.

Seit auch Hersch in sein Haus kam, kränkte sich der Lehrer vielmehr als früher, daß er so arm und kein eigenes Lehrzimmer mieten konnte, sondern in dem Zimmer unterrichten mußte, in welchem sich auch seine Frau aufhielt und im Winter sogar kochte. Wenn nun die Frau Äpfel, Rüben, Gurken oder sonst etwas schnitt, stürzte Hersch darüber her und aß es roh auf. War aber Mehl oder rohes Gemüse in einer Schüssel, dann warf er diese zornig zur Erde und lachte, wenn es Scherben gab.

Einmal hatte die Frau sogar in dem Zimmer, wo unterrichtet wurde, Wäsche aufgehängt. Hersch gefiel das sehr, denn er dachte, er könne sich an dem Stricke schaukeln. Daher stieg er auf eine Bank, machte noch einen kleinen Sprung und wirklich gelang es ihm, die Schnur zu erfassen. Aber sie riß sogleich, und plumps, lagen Hersch und die Wäsche am Boden.

So sehr die Frau ihren Mann bat, den wilden Schüler fortzugeben, wollte der gute Lehrer davon nichts wissen. Und, wer hätte das geglaubt, bald war Hersch in der Gegenwart des Lehrers viel braver. Freilich, wenn dieser auch nur ein wenig fortblickte, so schlug und zwickte der böse Junge gleich wieder seine Mitschüler. Aber klüger vermochte der Lehrer den kleinen Hersch nicht zu machen, obwohl er sich mit dem dummen Jungen besonders mühte. Nach einem halben Jahr konnte Hersch noch nicht einmal das Aleph lesen.

Darüber kränkte sich der Lehrer sehr und einmal sagte er zu seiner Frau: „Jetzt bin ich endlich darauf gekommen, wie Hersch bestimmt das Aleph-Beth erlernen wird. Er denkt doch nur immer ans Essen. Deshalb mußt du einige Aleph und einige Beth aus süßem Teig backen. Dann wird er sich diese Buchstaben wohl merken, denn er erhält sie nur, wenn er ein Aleph oder ein Beth verlangt."

„Bist Du verrückt!" schrie aber die Frau. „Der kleine Freßsack wird im Tag hundert Aleph und hundert Beth verlangen. Auch alle anderen Schüler werden sich nur noch in dieser Weise unterrichten lassen wollen. Und bis Hersch sich in zwei, drei Jahren durch das ganze Aleph-Beth gegessen hätte, würden wir selbst schon lange nichts mehr zu beißen haben."

Der Lehrer mußte dies einsehen. Er war aber sehr traurig darüber, daß er nun seinem Schüler nie das Lesen würde beibringen können, denn anders als mit gebackenen Buchstaben schien ihm dies unmöglich.

III.

So waren mehrere Jahre vergangen. Eines Tages hatte nun der Lehrer einen Weg in ein fernes Dorf und als er durch den Wald ging, sah er einen uralten, langbärtigen Mann, auf einem Stock gestützt, mühselig daherkommen. Der Lehrer wußte selbstverständlich nicht, daß dieser Greis damals den bösen Hersch verflucht hatte. Er ging zu dem alten Mann und sagte: „Lieber Alter, Du willst wohl auch in das Dorf, in welches ich gehe. Aber das ist noch sehr weit! Reich mir deinen Arm, ich will Dich stützen." „Nein, so weit gehe ich nicht", sagte der Greis. „Führe mich nur ein kleines Stückchen diesen Weg, dann sind wir sogleich bei meinem Häuschen."

Der Lehrer schüttelte verwundert den Kopf, denn er kannte den Wald sehr genau und hatte hier noch nie eine menschliche Wohnstätte gesehen. Dennoch führte er den würdigen Alten und wirklich! schon nach wenigen Schritten erblickte er eine einfache, nette, aus Holz gebaute Hütte. Aber noch ehe sie diese erreichten, begann der Alte zu schwanken, seine Füße knickten ein und hätte ihn der Lehrer nicht festgehalten, so wäre er zu Boden gesunken. Der mitleidige Mann nahm nun den Greis in beide Arme und trug ihn die Hütte. Dort blieb jedoch der Alte nicht auf dem Bette liegen, auf das ihn sein Beschützer gelegt hatte, sondern er stand sogleich auf, richtete sich gerade empor und sah viel rüstiger aus, als zuvor.

„Weil Du Dich so liebevoll meiner angenommen hast", sagte er, „so will dich Dir einen Wunsch erfüllen." „Wenn Du das könntest", rief der Lehrer sogleich, „dann würde ich Dich bitten, meinen Schüler Hersch brav und klug zu machen." „Diesen Wunsch kann ich Dir leider nicht erfüllen", erwiderte der Alte. „Auf Hersch lastet ein Fluch. Durch diesen hat er Verstand und Schönheit verloren, sein Herz aber ist so geblieben, wie es immer war. Wenn dieses Herz auch nur einmal Mitleid empfindet, weicht sofort der Fluch. Doch weil Du nicht für Dich gebeten hast, soll außerdem noch das in Erfüllung gehen, was Dich am glücklichsten macht."

IV.

Als der Lehrer heimkam, stand ein vornehmer Wagen vor seiner Tür. Die Gutsbesitzerin des nächsten Ortes war gekommen und bat ihn, ihre beiden schlimmen Knaben zu unterrichten. Da war der Lehrer sehr verlegen, denn er wußte, daß die reiche Frau ihre Kinder nicht gerne in der armseligen Wohnstube, in der gekocht und gewirtschaftet wurde, unterrichten lassen würde. „Auch einige andere Gutsbesitzerfamilien möchten Ihnen gerne ihre Kinder anvertrauen“, sagte aber die Frau, „weil sie alle gehört haben, welch’ ein tüchtiger, guter Lehrer Sie sind. Ziehen Sie in das Haus am Marktplatz, das mir gehört, und machen Sie daraus eine Schule.“

Wer war nun glücklicher als der Lehrer, als er hörte, daß er schöne Lehrzimmer und viele schlimme und auch dumme Schüler erhalten sollte. Alle wollte er brav und klug machen. Er wußte, daß er dieses Glück nur dem alten Mann verdankte. Am nächsten Morgen ging er in den Wald, um ihn aufzusuchen und ihm seinen Dank auszusprechen. Aber Häuschen und Greis waren verschwunden.

Schon früher hatten die Kinder bei dem guten Lehrer sehr viel gelernt, aber jetzt brachte er ihnen so schnell alles bei und besserte so rasch ihre Sitten, daß er im ganzen Lande berühmt wurde und immer mehr Schüler kamen. Doch daß er den bösen Hersch nicht ändern konnte, kränkte ihn sehr. Weil er aber wußte, daß dieser nicht früher ein echter Mensch werden konnte, bevor er nicht einmal Mitleid gefühlt hätte, sann er immer darauf, wie er in dem Herzen seines Schülers dieses Gefühl erregen könnte.

Er erzählte ihm von zwei armen kranken Waisenkindern, um die sich niemand kümmerte und die beinahe verhungert wären. Da rief Hersch: „Ja, essen! Ich will essen! Nudelsuppe will ich heute! Nudelsuppe ist gut! Ich will Nudelsuppe!“ Im Spital, wohin ihn der Lehrer führte, um ihm Kranke und Krüppel zu zeigen, rief er: „Aufstehen! Nicht bei Tag liegen!“ und er wollte sogar eine alte, kranke Frau aus dem Bett werfen.

Einmal sah er einem Brand zu. Die beiden alten Leute, deren Haus niederbrannte, weinten und jammerten, weil sie durch dieses Unglück ihr ganzes Vermögen verloren hatten und nicht wußten, wo sie nun wohnen sollten. Alle Leute bedauerten sie und manche Frau weinte mit ihnen. Hersch aber lachte und klatschte vor Freude in die Hände, so sehr gefiel ihm die große, flackernde Flamme.

Da wurde der Lehrer sehr traurig, denn er glaubte nicht mehr daran, daß sein Schüler je Mitleid empfinden würde.

V.

Eines Tages kam die Mutter des bösen Hersch in die neue, schön eingerichtete Schule. „Ich weiß mir jetzt schon nicht mehr zu helfen", klagte sie dem Lehrer. „Mein Junge ist nun über dreizehn Jahre alt und wäscht sich noch immer nicht allein. Will ich ihn aber waschen, dann wehrt er sich und stößt. Ich wage es gar nicht mehr, ihm mit Wasser zu nahen, denn er ist schon groß und stark und noch immer entsetzlich wild." „Nun, so will ich selbst ihn einige Male hier in der Schule waschen", erwiderte der Lehrer. „Ich werde ihn wohl daran gewöhnen können."

Als dann der Lehrer am nächsten Tag den bösen Hersch selbst wusch, stieß und schlug ihn dieser wohl nicht, aber er weinte und schrie wie ein kleines Kind, denn er konnte Wasser nicht leiden. Da erfaßte den Lehrer plötzlich eine neue Hoffnung, das Herz seines Schülers zu Mitleid bewegen zu können.

Am nächsten Sabbatmorgen ging er mit ihm in das Bad, in welchem sich alle Frommen des Ortes regelmäßig badeten und das man Mikwe nannte. Dort sah er in dem nicht großen, aber verhältnismäßig tiefen Wasserbecken einige Männer, welche drei-, viermal unter das Wasser tauchten und wieder hervorkamen.

Ängstlich klammerte sich der dumme Junge an den Lehrer. Als er aber sah, dass dieser gleichfalls baden wollte, schrie er entsetzt: „Nein, nicht ins Wasser! Soviel Wasser!" Trotzdem entkleidete sich der Lehrer. „Geh nicht ins Wasser!" schrie Hersch wieder. „Das schwarze Kätzchen ist auch ertrunken!" Der Lehrer freute sich, daß der sonst so böse Schüler ihn so lieb hatte, dennoch sagte er ernst: „So? Hast Du schon wieder ein Tier getötet?"

„Ja", sagte Hersch reuig, „ein schwarzes Kätzchen. Ich werde es nicht mehr tun. Geh' nicht ins Wasser! Bitte, bitte!" Doch der Lehrer stieg bereits die Stufen ins Bassin hinab. Da hing sich Hersch an seinen Hals und schrie: „Nein, Du darfst nicht ertrinken!"

Weil aber der Lehrer noch tiefer stieg und Hersch nicht loslassen wollte, purzelte dieser plötzlich ins Wasser. Darüber lachten alle Leute sehr, denn Hersch hatte Kleider und Schuhe an.

Als aber der Junge wieder emportauchte, da konnten sie nicht sprechen und nicht lachen vor Verwunderung. Weil er so großes Mitleid mit dem Lehrer gehabt hatte, war er nämlich plötzlich wieder schön und gerade geworden. Und als er sprach, erkannte der Lehrer zu seiner Freude bald, daß Hersch nun mit einem Male alles wußte und verstand, was er während der Jahre in der Schule gehört hatte. Auch zeigte sich, daß der Junge nun gesittet war.

Wie sich die Mutter über all' dies freute, muß ich wohl nicht erst erzählen.

Das Schrätlein.

I.

In einer kleinen Stadt, wo viele Juden wohnten, lebte schon seit mehr als hundert Jahren auch ein lustiges Männlein, das war nur zweimal so groß wie Dein Mittelfinger. Es schlief immer in einem Hauspantoffel, doch stets in einem andern, denn einmal war es da, einmal dort, immer aber nur bei guten, frommen Menschen. Denen half es, wo es nur helfen konnte und man sagte: „Wo das Schrätlein ist, dort sind die Leute zufrieden und glücklich."

Weil es aber viele gute und fromme Menschen im Städtchen gab und es allen helfen wollte, hatte das Schrätlein viel zu tun.

Da gab es einen alten, frommen Mann, der allein wohnte. Weil aber alte Leute und kleine Kinder gerne lange schlafen, wäre der Mann morgens immer spät erwacht und er hätte sich sehr gekränkt, wenn er nicht rechtzeitig zum Gebet in den Tempel gekommen wäre. Deshalb kam das Zwerglein alle Morgen herbei geschlichen, kletterte auf das Bett und kitzelte den alten Mann mit einer langen Feder in der Nase. Dieser erwachte jedesmal mit einem kräftigen „Hatschi" und staunte, daß er immer während des Schlafes so großen Schnupfen hatte. Vom Schrätlein aber wußte er nichts, denn dieses versteckte sich jedesmal rasch in einem Loche im Strohsack. Ein anderer einsam lebender alter Mann, den man Reb Salme nannte, hatte früher immer ein schmutziges Gewand, doch nun kam das Schrätlein jede dritte, vierte Nacht zu ihm und putzte seine Kleiner aus. Die Leute staunten darüber, wie nett und rein sich jetzt Reb Salme trug.

Auch zu einer guten Mutter kam das Schrätlein oftmals. Die kränkte sich sehr, weil ihr kleiner Simon schlimm war. Das Schrätlein ging nun immer heimlich dem bösen Simon nach und wenn dieser mit einem anderen Kinde raufte, mit Steinen ein Fenster einwarf oder sonst etwas anstellte, lieft das Zwerglein rasch zur Mutter und erzählte es ihr. Die

Mutter stellte dann Simon zur Rede und bestrafte ihn. Als nun der Knabe sah, dass die Mutter alles erfuhr, wurde er brav.

Einmal aber, noch bevor er sich gebessert hatte, warf der böse Simon ein Kätzchen in den Teich. Ein anderer Knabe, der kleine Gabriel, hatte dieses gesehen, stieg rasch in das seichte Wasser, zog das Kätzchen heraus und trug es zu sich nach Hause, um es zu pflegen. Seit dieser Zeit hatte das Schrätlein Gabriel besonders lieb und ging zu ihm, so oft es nur konnte.

Der kleine Gabriel hatte wohl ein gutes Herz, doch sein Kopf war nicht der beste. Als er einmal den ersten Vers des ersten Buches Moscheh auswendig lernen sollte, las er wohl fünfzig Mal: „Bereschith bara Elohim eth haschamaim weeth haarez. Am Anfange schuf Gott den Himmel und die Erde", aber merken konnte er sich nichts. Als das Schrätlein dies erkannte, wiederholte es einmal laut den Vers und sogleich wußte der Knabe ihn auswendig. Seit dieser Zeit lernten sie immer zusammen. Wenn das Zwerglein nur einmal etwas laut sagte, so merkte Gabriel es sich sogleich. Das machte diesem und dem winzigen Lehrer viel Vergnügen und damit Gabriel immer wissen sollte, wann er zu ihm komme, sagte er ihm stets, wohin er ging.

II.

Einmal kam das Schrätlein zu einem reichen Kaufmann. Diesem war ein kleiner Krämer seit vielen Jahren Geld schuldig gewesen. Der Kaufmann hatte schon gedacht, er würde das Geld nie wieder zurückerhalten. Heute aber war der Schuldner endlich gekommen und hatte bezahlt. Es ist eine schöne Sitte bei uns Juden, wenn man unverhofft Geld erhält, den zehnten Teil davon Armen zu geben und nun dachte der Kaufmann nach, welchen würdigen Armen er beschenken sollte.

„Ich kenne jemanden", sagte da plötzlich das Schrätlein, „der brav und tüchtig ist, sich aber jetzt in großer Not befindet." „Wen meinst Du?" fragte der Kaufmann. „Es ist der Schuster Wolfsohn. Der hat sechs kleine Kinder und eine kranke Frau, aber nicht ein Stückchen Brot im Hause. Nun hat ein Geschäftsmann bei ihm fünf Paar Schuhe bestellt. Er könnte also verdienen, doch hat er kein Geld, das Leder zu kaufen. Und so wird er und seine Familie noch länger hungern müssen." „Aber der Schuster Wolfsohn ist viel zu stolz", sagte der Kaufmann, „von mir ein Geschenk anzunehmen." „Gib doch mir den zehnten Teil der Summe, die Dir der Krämer gebracht hat", erwiderte das Schrätlein, „ich will ihn sicher zu dem armen Schuster bringen." Da legte der Kaufmann acht Goldstücke, eines auf das andere, auf die linke Schulter des Männleins und dieses

hielt mit beiden Händen den Stoß fest, der für ihn ziemlich schwer war. Trotzdem waren seine Beinchen so flink wie immer und bald war das Zwerglein verschwunden.

Als nun das Schrätlein vor der Türe des Schusters stand, hörte es wie eben ein kleines Mädchen sagte: „Such' doch, lieber Vater! Ein kleines Stückchen Brot wird wohl noch da sein!" „Ach, wenn ich nur Geld hätte", sagte der Vater verzweifelt, „wie gerne würde ich Dir etwas zu essen kaufen! Früher, wenn ein frommer Jude in Not war, kam der Prophet Elia und half ihm. Doch jetzt ist das lange schon vorbei!"

Da rollten plötzlich durch eine enge Spalte rasch hintereinander acht Goldstücke zur Tür herein. „Was ist das?" rief der Schuster überrascht und öffnete schnell die Tür. Er konnte aber niemanden sehen. „Kinder", rief er fröhlich, „der Prophet Elia war hier und hat uns geholfen!" Da lachte das Schrätlein, das sich hinter einem kopfgroßen Stein verborgen hatte, still und vergnügt in sich hinein.

III.

So gut aber das Schrätlein war, hatte es doch einen großen Feind. Das war ein riesiger Fleischhauerhund. Der wußte, daß jeder, zu dem das Schrätlein kam, bald glücklich und zufrieden wurde. Er ärgerte sich daher, daß es nie seinen Herrn besuchte. Aber das Schrätlein mochte den dicken Fleischhauer, der roh und böse war, nicht leiden. „Wenn ich nur einmal das Männlein erwischen würde", dachte der wilde, große Hund oftmals, „dann wollte ich es tüchtig zerbeißen."

Als nun das Schrätlein vom Schuster zurückkam und zu seinem Freund Gabriel gehen wollte, kam eben der Hund daher. „Nun habe ich Dich endlich!" rief dieser zornig und lief dem Männlein, das erschrocken floh, in großen Sprüngen nach.

Das arme Zwerglein war aber nicht so rasch wie der große Hund und da es keinen anderen Ausweg mehr sah, flüchtete es durch die offene Tür in die Kirche. Der Hund aber fürchtete, daß viele Leute in der Kirche wären und blieb daher scheu zurück.

In der Kirche war jedoch nur ein Mann. Als dieser das Zwerglein erblickte, erfaßte er es roh und so sehr es auch zappelte, hielt er es fest in seiner großen Hand. „Bist Du nicht das Geistlein", sagte der Mann, „das die Juden unseres Städtchens glücklich und zufrieden macht? Von nun an sollst Du aber uns Christen glücklich machen und sollst immer bei uns bleiben." Das Schrätlein wäre immer gerne zu allen guten Menschen gegangen, weil es aber bei den Juden, an die es gewöhnt war, immer so viel zu tun hatte, konnte es bisher nie Zeit für andere Leute finden. Das hätte es gerne dem Manne gesagt, aber der drückte es so fest, daß es gar nicht sprechen konnte. Und der Mann stieg mit dem Zwerglein in den Turm hinauf, nahm einen langen Strick und band es an der großen Glocke fest. „So, nun wirst Du immer bei uns Christen bleiben", sagte er, dann ging er fort und ließ das Schrätlein an der Glocke hängen.

Das Zwerglein jammerte zuerst und schrie, aber niemand hörte seine schwache Stimme. So wartete es schließlich ruhig, ob jemand kommen und es herunternehmen würde.

IV.

Der kleine Gabriel hatte heute viel zu lernen, aber zu seinem Erstaunen kam sein liebes Lehrerlein nicht zur rechten Zeit. Allmählich begann es zu dunkeln und noch immer ließ sich das Schrätlein nicht blicken. Da wurde der Knabe besorgt und fürchtete, daß seinem kleinen Freund etwas geschehen sei. Er ging daher zu dem reichen Kaufmann und fragte diesen nach dem Schrätlein. „Es ist schon vor einigen Stunden von mir fortgegangen, wohin, weiß ich nicht", antwortete der Kaufmann. Er wollte nämlich nicht sagen, daß er den armen Schuster beschenkt hatte. Da ging nun der Knabe in jedes Haus, wo er glaubte, daß das Schrätlein sein könnte, aber niemand hatte das Zwerglein gesehen.

Indessen kam der Küster in den Turm. Eben erblickte das Schrätlein ihn und wollte ihn ansprechen, da ergriff der Mann das Seil, das von der Glocke herabhing und begann zu läuten. Das Zwerglein hatte er nicht gesehen. Nun wurde dieses hin und her gewiegt wie in einer Schaukel. Aber das war kein angenehmes Schaukeln! Die Glocke machte „bim-bam" und immer wieder „bim-bam" und das dröhnte fürchterlich in den Ohren des Männleins. Es schrie, so laut es konnte. Wer sollte aber sein jammerndes Stimmchen im Gedröhne der Glocken vernehmen? Immer, wenn der Klöppel an die Glockenwand schlug, spürte das Zwerglein einen heftigen Schmerz im ganzen Körper. Als sich nun die Glocke immer lebhafter schwang, riß plötzlich der Strick, mit dem das Schrätlein angebunden war und in einem großen Bogen wurde es durch die Turmluke ins Freie geschleudert.

Da lag nun das Schrätlein ohnmächtig auf der Erde. Aber sein Feind, der Fleischerhund hatte es fallen gesehen. Schnell lief er herbei und faßte das Männlein unsanft mit den Zähnen. Dieses erwachte sogleich aus seiner Ohnmacht und als es sah, in welcher Lage es sich befand, fürchtete es, daß das große, zornige Tier es verschlucken würde. „Bitte, lieber Hund", sagte es daher, „tue mir nichts zuleide! Ich werde von nun an bestimmt auch zu Deinem Herrn kommen und wenn er noch so roh und böse wäre!" Doch solche Worte über seinen Herrn wollte der Hund nicht hören. Er knurrte daher heftig und schüttelte das Männlein zornig hin und her. „Nicht fressen! Nicht fressen!" schrie es in seiner großen Angst.

Das hörte der brave Gabriel, der eben vorbeiging. Als er sah, in welcher Gefahr sich sein Freund befand, stürzte er rasch hinzu. Mit der einen Hand erfaßte er die Füße des Männleins, mit der anderen Hand schlug er heftig auf die Schnauze des großen Hundes. „Laß' ihn los! Laß' das Schrätlein los!" schrie er dabei. Da erschrak der Hund, denn er fürchtete, wenn Leute herbeikämen und sehen würden, daß er das Zwerglein, das jeder so sehr liebte, habe töten wollen, würde er von ihnen erschlagen werden. Er ließ daher rasch den Kleinen los und lief davon.

Gabriel setzt nun das arme Männlein in seine Rocktasche und trug es nach Hause. So ein Geistlein ist aber immer bald gesund. Als Gabriel es auf den Tisch stellte, sprang es daher bald wieder lustig auf und ab und sogleich wurde die versäumte Unterrichtsstunde nachgeholt. Aber das Haus zu verlassen, wagte das Schrätlein nicht mehr.

Nach einigen Wochen stand es einmal auf dem Fenster und blickte zur Straße hinaus. Zufällig ging Reb Salme vorbei. „Wie schmutzig Reb Salmes Kleider wieder sind!" sagte das Schrätlein bedauernd. „Ich sollte doch wieder seine Sachen ordentlich bürsten. Und der andere alte Mann versäumt jetzt gewiß täglich den Morgengottesdienst und kränkt sich sehr darüber. Simon ist vielleicht auch wieder wild und macht seiner Mutter Sorge. Ich muß wieder alle meine Freunde besuchen, aber ich wage mich nicht allein auf die Gasse." Da erbot sich Gabriel, seinen kleinen Freund überallhin zu tragen, wohin er wollte. Das Schrätlein nahm dies gerne an.

So blieben die zwei Freunde nun immer beisammen. Gabriel lernte fleißig und wurde ein tüchtiger Mann. Bald war er der Reichste des Ortes. Weil er aber das Männlein jahrelang von einem Armen zum anderen getragen hatte, wußte er auch, wie man helfen mußte und so wurde er der wohltätigste Mann des Städtchens.

Der lahme Josef.

Der kleine Josef hatte rote Backen und muntere Augen. Er sah so gesund und lustig aus wie andere zehnjährige Jungen. Aber immer mußte er in einem Fahrstuhl sitzen, denn er hatte lahme Füße und konnte keinen Schritt gehen.

Einmal saß er allein im Zimmer und war ein wenig eingeschlummert. Da setzte sich eine Fliege auf seine Nase und krabbelte hin und her. Josep erwachte nicht ganz. Er schüttelte im Halbschlummer nur ein wenig den Kopf und die Fliege flog fort. Bald aber spazierte sie wieder auf seinem Ohr umher. Nun erwachte Josef völlig und verjagte mit der Hand das lästige Insekt. Einschlafen ließ ihn die Fliege jedoch nicht mehr, denn immer wieder wollte sie sich auf sein Gesicht setzen. Weil aber der Knabe sie immer abwehrte flog sie endlich auf eine spitze Papierdüte, die mit Fliegenleim bestrichen war und in der Nähe des Fahrstuhles auf dem Tische stand. Schon klebten ihre Füße fest, da erfaßte sie Josef an den Flügeln. „Ich weiß", dachte er dabei, „wie schlecht es ist, wenn man nicht gehen kann. Wie müßte es Dir erst sein, wenn Du kleben bliebest, nicht gehen und nicht fliegen könntest und verhungern müßtest". Sogleich ließ er das Tierchen, das ihn solange gequält hatte, lustig davonsummen.

Im selben Augenblicke begann es im ganzen Zimmer zu glänzen und zu schimmern und eine wie Musik tönende Stimme sagte: „Zum Lohn dafür, daß Du dieses Insekt, das Dich nicht schlafen ließ, nicht kleben lassen wolltest, sollst Du einst Deine Füße frei bewegen können. Aber nur der beste Arzt, den es je gegeben hat, Rambam, kann Dich heilen!" Sobald die Worte verklangen, war auch der wunderbare Glanz aus dem Zimmer verschwunden. Josef glühte vor Freude und seine Augen strahlten, denn er wußte, was bath kol, die Himmelsstimme, verkündete, die früher zu so vielen guten, frommen Leuten gesprochen hatte, das mußte wahr sein.

Plötzlich aber wurde er traurig. „Rambam soll mich heilen?" dachte er. „Dieser große Gelehrte ist doch schon lange tot! Wie soll ich aber lebend zu ihm ins Paradies gelangen?" In diesem Augenblick kam David, der ältere Bruder Josefs zur Tür herein. „Josef", rief er, „komm mit auf den Spielplatz." „Nein, nein!" wehrte der lahme Knabe ab. „Ich habe soviel nachzudenken!" „Dazu hast Du den ganzen Tag genug Zeit", meinte aber David, erfaßte, ohne weiter zu fragen, den Fahrstuhl und schob Josef auf die Straße.

Auf dem Spielplatz ging es lustig zu. Da wurde mit Kugeln und Bällen aller Art gespielt. Ein Junge besaß ein Fahrrad, zwei ließen Drachen steigen. Wo aber einige Knaben ohne Spielgerät spielten, da war es erst recht laut und toll. Dennoch eilten viele Kinder dem lahmen Josef entgegen, als sie seinen Fahrstuhl erblickten. Sie hatten ihn alle lieb und jeder wollte ihn führen.

„Was sollen wir jetzt spielen?" fragte ein Knabe. „Wenn ich so gehen könnte wie Ihr", erwiderte Josef, „ich wüßte wohl, was ich täte!" „Was?" fragten mehrere Knaben zugleich. „Ich würde weit wandern, immer den Weg, den einmal Alexander der Große zog, bis ich endlich, so wie er, an die Pforte des Paradieses käme!" Da lachten fast alle Knaben und einer rief: „Was für dummes Zeug Du heute zusammensprichst, Josef!" Aber Jakob, wohl der älteste Knabe, sagte: „Es ist gar nicht dumm! Auch ich möchte gerne um die Welt reisen. Aber wenn wir auch jetzt nicht so weit wandern können, könnten wir doch auf den Bruchberg gehen. Ich war erst vor wenigen Tagen mit meinem Vater oben."

„Du warst auf dem Bruchberg?" „Das ist doch gefährlich!" „Das ist gewiß nicht wahr! Du bist ein Prahler!" riefen die Jungen erregt durcheinander. „Der Berg hat doch nur auf der einen Seite, wo er vor vielen Jahren abgebrochen ist, eine steile Wand", erwiderte Jakob. „Dort unten in der Schlucht ist das große tiefe Loch, das bis in die Mitte der Erde reichen soll. Sonst aber ist der Berg überall leicht zu besteigen und es zieht sich sogar ein breiter Schlangenweg bis zum Gipfel empor." „Ach, dorthin würde ich gerne fahren", rief Josef. „Von dort aus kann man wohl die halbe Welt sehen!" „Nun, wir wollen Dich gerne mitnehmen", rief David. Der Weg ist nicht ein bißchen steil."

Alle Jungen waren nun bereit, auf den Bruchberg zu gehen, nur David hatte noch einige Bedenken, seinen lahmen Bruder ohne Erlaubnis der Eltern auf den Berg mitzunehmen. Aber Jakob und andere Knaben sagten, daß sie den Fahrstuhl sicher führen würden und so ließ er sich endlich überreden. Jakob ließ auch keinen Jungen nach Hause laufen, um sich Butterbrot oder Obst zu holen. „Wenn Ihr es Euren Eltern erzählt", sagte er, „wohin wir gehen wollen, dann müssen wir alle daheim bleiben. Kommt nur mit, es ist doch gar nicht weit." Rasch band er eine lange Springschnur an den Fahrstuhl und spannte vier Jungen als Pferde ein. Josef bekam eine kleine Spielzeugpeitsche in die Hand und David und Jakob schoben rückwärts das Wägelchen. Wohl an zwanzig Knaben machten den kleinen Ausflug mit und so ging es unter Scherzen und Lachen lustig den nahen Berg hinan.

Oben auf der luftigen Bergkuppe wurde hin und her gelaufen und lustig gespielt. An manchem Spiel konnte auch der lahme Josef teilnehmen. Als es dann wieder heimwärts gehen sollte, rief ein kleiner Junge: „Nein, nach Hause gehen wir nicht wieder auf dem Weg! Das ist zu langweilig!" Und alle anderen Knaben stimmten ihm bei. „Was machten wir aber mit meinem Bruder?" fragte David. „Nehmt mich nur mit!" bat der lahme Josef. „Es ist doch gar nicht steil!" David zögerte zuerst noch ein wenig, als er aber den bittenden Blick seines armen Bruders auf sich gerichtet sah, war er rasch entschlossen. „Gut", sagte er, „ich will Dich über das Gras des Abhangs hinabfahren. Aber jetzt darf mir kein anderer schieben helfen. Ich werde Dich allein viel sicherer führen.

David lief nun nicht hinab wie die anderen Jungen. Er fühlte, daß er sich zurückstemmen mußte, wenn er den Fahrstuhl und dessen Insassen unversehrt ins Tal bringen wollte. Da erblickte er aber eine Blume, die war so wunderschön, daß er sie gerne gepflückt hätte. Er bückte sich daher und hielt den Griff des Wägelchens nur mit der linken Hand. Er mußte aber weiter greifen und da entrutschte ihm der Griff. Entsetzt schrie er auf und auch Josef schrie erschrocken. Doch bald wußte dieser nicht, weshalb er geschrien hatte. Sein Fahrstuhl rollte ja nicht den Abhang hinab, sondern es war, als ob ein Unsichtbarer das Wägelchen führen würde. Es fuhr nämlich ruhig quer über den Abhang dahin, sogar ein wenig aufwärts. „Jetzt werde ich weit fahren, weit durch die ganze Welt", dachte Josef freudig. „Und gewiß fahre ich nun bis zum Paradies, wo mich Rambam gesund machen wird."

Als die anderen Knaben den führerlosen Fahrstuhl sahen, schrien sie alle und liefen ihm nach. Und sie schrien immer mehr, als sie erkannten, daß er direkt zur steilen Felswand hinfuhr, wo einmal der Berg abgebrochen war. Das Wägelchen fuhr aber schneller, als die Knaben laufen konnten und plötzlich stürzte es die steile Felswand hinab.

Da erschrak der arme Josef fürchterlich. Er fiel in das tiefe Loch, von dem man erzählte, daß es bis zur Mitte der Erde reichte. Wie schrecklich finster war es da! Jetzt war es dem fallenden Knaben furchtbar bange und er glaubte, er werde tief unten in der Mitte der Erde tot liegen bleiben. Bald fiel er mit seinem Wägelchen auf etwas Weiches, das aber riß. Er sah in der Finsternis nicht, daß das ein Netz war, welches hier tief unten ausgespannt war. Nun fiel der lahme Josef nicht mehr so rasch. Noch ein zweites Netz, das tiefer unten angebracht war, riß er durch. Aber das dritte Netz, ganz tief unten, fing das Wägelchen und seinen Insassen sanft auf und zerriß nicht. Doch es begannen kleine Glöckchen zu klingen, die an dem Netz befestigt waren. Unter dem Netz aber war es hell, wie oben auf der Erde.

Nachdem sich der arme Josef ein wenig von seinem großen Schrecken erholt hatte, horchte er. Da hörte er unter sich viele Schritte und Menschenstimmen. „Endlich haben wir einen einköpfigen Menschen gefangen", sagte eine Stimme, „und wir können uns rächen. Ihr wißt ja alle, daß König Salomo einmal übermütig war und einen Bewohner der Unterwelt sehen wollte. Der König der bösen Geister, Asmodai, mußte nun in die Tiefe greifen und einen von uns zweiköpfigen Menschen emporziehen. Nachdem König Salomo unseren armen Bruder gesehen hatte, wollte er diesen wieder in sein unterirdisches Heimatland zurückbringen lassen. Wer von uns aber einmal auf die Erde hinaufgekommen ist, der kann nicht mehr zurück und so mußte unser Bruder oben bleiben. Wir aber haben damals von unten hinauf ein Loch zu bohren begonnen und bohrten so lange, bis oben auf der Erde ein Berg nicht mehr stehen konnte und zusammenbrach. So ist dieses tiefe Loch entstanden. Tausende Jahre sind seitdem vergangen und erst heute ist so ein einköpfiger Mensch zu uns hinuntergefallen. Nun sind wir gerächt! So wie unser Bruder damals bei den einköpfigen Menschen leben mußte, muß nun dieser Mensch bei den Zweiköpfigen bleiben und kann nie wieder auf die Erde hinauf."

Der arme Junge, dessen Herz ganz von Angst erfüllt war und der vor Schreck nicht einmal zu weinen vermochte, fühlte, daß das Netz sanft aufgelöst wurde. Und als er mit seinem Wägelchen endlich auf festem Boden stand, sah er viele, viele Menschen, von denen jeder zwei Köpfe hatte. Die Leute drängten sich an ihn heran, um ihn zu sehen und wunderten sich sehr. Die Kinder aber lachten und spotteten sogar über den armen Josef, denn sie alle hatten noch nie einen Menschen gesehen, der nur einen Kopf hatte. Doch als sie erkannten, daß Josef lahm war, waren sie sogleich sehr lieb zu ihm.

Da kam ein großer Mann in einem herrlichen Mantel, der trug auf jedem seiner beiden Köpfe eine wunderschöne Krone. „Bei uns ist es Gesetz", sagte der König, „daß alles Seltsame mir gehört. Und wer hat schon etwas Seltsameres gesehen, als einen Menschen, der nur einen Kopf hat!" Er ließ nun den lahmen Josef in die Königsburg führen, wo ihn der lustige junge Prinz mit den zwei schönen Gesichtern freudig empfing. Die zwei Knaben wurden bald gute Freunde, aber solange auch Josef in dem unterirdischen Schlosse weilte und so gut es ihm dort ging, blieb er doch immer traurig.

„Ach", seufzte er einmal, „nie wieder soll ich an die Erdoberfläche kommen! Wenn ich doch zu Rambam ins Paradies fahren könnte! Der würde mich gesund machen und dann wollte ich gleich zu meinen lieben Eltern eilen."

Da fühlte der unterirdische Prinz großes Mitleid mit seinem einköpfigen Freunde und sagte: „Einen Weg zur Erdoberfläche kenne ich nicht, denn wer könnte den langen, langen Schacht hinaufsteigen, durch den Du gefallen bist. Aber es gibt eine Tür, die auf den Meeresgrund hinausgeht. Wenn Du Dich in das Wasser hineinwagen willst, so werde ich Dir helfen, unser unterirdisches Land zu verlassen." „Ja bitte, hilf mir!" sagte Josef hoffnungsfroh. Die Himmelsstimme, die einmal zu mir gesprochen hat, höre ich noch immer in meinem Innern. Sie sagt mir, daß ich doch noch dorthin kommen werde, wohin ich kommen will." Da ließ der Prinz von einem geschickten Handwerker einen kleinen selbst fahrenden Wagen machen, der eine Glasdecke hatte und so gut verschlossen werden konnte, daß nirgends Wasser einzudringen vermochte.

Der Prinz half seinem lahmen Freund in das kleine gläserne Automobil hinein und nachdem sie herzlich voneinander Abschied genommen hatten und das Wägelchen fest verschlossen war, öffnete der Prinz heimlich die eiserne Tür und Josef, der nun schon vierzehn Jahre alt war, fuhr auf den Meeresgrund hinaus. Das Wägelchen fuhr aber nicht durch Schlamm, wie er sich sonst auf dem Meeresboden befindet, sondern es fuhr einen glatten ebenen Weg.

Und die Fische schwammen dem Wägelchen verwundert nach. „Wer ist der Mächtige", fragten sie einander, „der es wagt auf unserem König dahinzufahren, auf Leviathan, der so groß ist, daß sein Körper sich um die ganze Erde schlingt." Der ungeheure Fisch spürte es wohl gar nicht, daß das Wägelchen über seinen Körper dahinfuhr. Lange, lange fuhr dann Josef an etwas Hohem vorbei, das aussah, wie ein großes Gebirge, mitten im Wasser. Das war die Rückenflosse. Ohne, daß er es gewußt hätte, fuhr aber der lahme Junge mit seinem Wägelchen nicht gerade über den Rücken Leviathans dahin, sondern er kam immermehr seitwärts und bald rollte das kleine Gefährt auf einer Seitenflosse des Königs der Fische. Hier spürte dieser doch wohl schon, daß etwas auf ihm herumfuhr, denn plötzlich zuckte er ein wenig mit der Flosse und in einem hohen Bogen flog das Wägelchen mit seinem Insassen aus dem Meere aufs feste Land.

Nachdem er sich von seinem Schreck erholt hatte, blickte Josef sich um. Er sah eine endlose hohe Mauer mit einem wunderbar verzierten, großen, ehernen Tor. Vor diesem standen zwei riesige Engel, die zuckende Flammen, wie Schwerter in ihren Händen trugen. Josef erkannte sogleich, daß er sich endlich vor dem Tore des Paradieses befand. Er wagte sich aber nicht näher, denn er fürchtete sich vor den riesigen Wächtern. Da stand plötzlich ein in weiße Sterbekleider gehüllter, alter, ehrwürdig aussehender Mann vor ihm.

Sei mir gegrüßt, Josef", sagte der Mann. „Ich habe Dich schon lange erwartet. Ich bin Rambam." Sogleich öffnete er das gläserne Wägelchen, das, trotzdem es soweit geschleudert war, nirgends auch nur einen Sprung hatte. Dann zog er dem Knaben Schuhe und Strümpfe von den lahmen Füßen und legte auf jeden Fuß einen kleinen Stein. Da kam aus allen Poren der Haut der Füße Erde heraus und legte sich um die Steine. „Siehst Du", sagte Rambam, „das ist die Erde des Landes, in welchem Du geboren bist. Die war zu schwer für Dich, drum hat sie Dich lahm gemacht und keinen Schritt gehen lassen."

Nun waren die Füße entsetzlich mager. Rambam streute aber andere Erde darauf. Diese drang rasch in die Haut ein und die Füße wurden gesund und stark. „Das ist die Erde des Paradieses", sagte der große jüdische Gelehrte. „Nun bist Du gesund und kannst überall hingehen. In das Land aber, dessen Erde mit der Erde dieses Paradieses verwandt ist, kannst Du sogar fliegen." Der glückliche Knabe wollte herzlich danken, doch da war Rambam verschwunden. Sogleich sprang er aus dem Wägelchen, dann erst zog er sich seine Strümpfe und Schuhe an.

„Ich möchte gerne in das Land", dachte er, „dessen Erde mit der des Paradieses verwandt ist." Und er erhob sich in die Lüfte und bald sank er sanft in einem prächtigen Park, in welchem viele Palmen standen, mitten in ein dichtes Gebüsch nieder. Von dort aus sah er, daß ein junger Mann auf einer Bank saß und in einem hebräischen Buche las.

Wie klopfte nun sein Herz vor Freude, als er in dem Jüngling seinen Bruder David erkannte. Er ging auf ihn zu und sagte ruhig: „Erlaube Bruder, daß ich mich zu Dir setze."

David blickte auf und erschrak. „Jeder Jude in Palästina", sagte er, „darf zu mir Bruder sagen. Doch Dich bitte ich, mich nicht so zu nennen." „Warum gerade ich nicht?" fragte Josef. „Weil mich das schmerzt. Du siehst nämlich meinem jüngeren Bruder, um den ich nun schon seit fast fünf Jahren trauere, sehr ähnlich. Ich selbst trage schuld an seinem plötzlichen Tod."

„Erkennst Du mich denn nicht, David?" rief nun Josef und fiel dem Erstaunten um den Hals. „Du hast mich nicht getötet. Du hast mich gesund gemacht!" Und er erzählte nun seinem Bruder alles, was mit ihm vorgefallen war. „Wie bin ich froh, daß es so gekommen ist", sagte nun David. „Bald, nachdem Du in das tiefe Loch stürztest, bin ich hierher zu Onkel Henoch gefahren, um bei ihm das Schlossergewerbe zu erlernen. Ich wollte nicht länger bei den Eltern bleiben, die mich für Deinen Mörder halten mußten. Und nun gehört seit kurzem dieses Land wieder uns Juden. Von überall kommen viele, viele Brüder, aber unsere Eltern, die sich immer so sehr nach Palästina gesehnt haben, sind noch immer nicht gekommen. Ich glaube, sie wollen nicht wieder mit mir zusammenleben. Doch jetzt soll es anders werden!"

Schon nach wenigen Tagen fuhren David und Josef gemeinsam in ihr Geburtsland. Das war eine Freude und eine Überraschung, als der Vater und die Mutter ihren Sohn Josef erkannten und ihn schön gewachsen und gesund sahen.

Nun mußten die Brüder nicht lange bitten. Gerne zogen die Eltern mit ihnen ins alte Vaterland der Juden.

Wie unser Brot wird.

An einem schönen Frühlingstage ging der Bauer Jehuda mit dem kleinen Tam durch wogende Getreidefelder. „Wie schön wäre es heute", sagte Tam, „wenn nur der Wind nicht wehen würde." „Dieser Wind ist ein Engel", erwiderte der Bauer ernst. „Dieser häßliche Wind?" fragte Tam erstaunt. „In einem Psalmvers, den Du wohl kennst", versetzte Jehuda, „heißt es:

„Der Du machest Deine Engel zu Winden
Und Deine Diener zu Feuerflammen."

Gestern stand noch das Getreide ruhig da und hatte viel Samenstäubchen in den Ähren. Aber das Getreide hat keine farbenprächtige Blüte, keinen Geruch und auch kein noch so winziges Tröpfchen Honig. Drum kümmern sich die Bienen, die sonst den Samenstaub von Blume zu Blume tragen, nicht um das Getreide. Doch Gott will, daß die Körner reifen, drum rief er eine große Flamme zu sich. Das war ein dienender Engel. Den sandte er als Boten zur Erde.

Sogleich verwandelte sich die Flamme in einen Wind. Nun schwebt der Engel als Wind über die Erde, nimmt die Samenstäubchen der Gerste und des Korns in die Falten seines weiten Mantels und trägt sie auf andere Gerste und auf anderes Korn. Jetzt erst können die Körner wachsen.

Und bäckt man hernach aus dem Mehle Brot, dann fliegt der Engel wieder über die Erde. Sein Mantel weht dabei so stark, daß das Feuer im Backofen lebhafter brennt. Wo aber die Mutter selbst Brot und Kuchen bäckt, hört man oft im Herd plötzlich ein besonders lautes Knistern und in der Flamme sieht man dann besonders rote Funken. Dort hat der Engel selbst nachgeguckt, ob das Backwerk gut wird."

„Ach", rief der kleine Tam freudig aus, „nun weiß ich endlich, weshalb das, was die Mutter bäckt, immer am besten schmeckt!"

Märchen,
die der Bauer Jehuda
an Festtagen gesehen hat.

Der Schofarmacher.

Ein Rosch-haschanah- und Jom-Kipurmärchen.

Aron Feiwel, ein noch nicht sehr alter, frommer Mann, saß in seiner finsteren Stube. Er wollte noch nicht Licht anzünden, denn Petroleum kostet viel Geld und Aron war arm und mußte sparen. „Ach", dachte er, „nun kommt Rosch-haschanah schon in zwei Tagen und ich habe nur zwanzig zu wunderbar tönenden Posaunen umgewandelte Widderhörner verkauft. Wie soll ich von dem wenigen Geld ein ganzes Jahr hindurch leben können. Denn nur um diese Zeit benötigt man im Tempel ein Schofar.

In früheren Jahren habe ich ganze Kisten voll Schofroth nach Polen und Rußland, nach England und Amerika gesandt. Jetzt aber kommt von nirgends eine Bestellung. Ach, warum bin ich Schofarmacher geworden? Warum? Nun, weil ich ein Jude bin. Ein anderer kann doch gar keine Schofarmacher werden. Es ist wirklich nicht gut, ein Jude zu sein!"

In diesem Augenblick trat ein uralter, sehr würdig aussehender Mann ins Zimmer. Es schien Aron Feiwel, als ob es plötzlich ein wenig lichter geworden wäre. Der Schofarmacher sprang, so rasch er konnte, von seinem Sessel auf und begrüßte den Greis sehr ehrerbietig, denn er hielt ihn für einen besonders frommen, sehr gelehrten Rabbiner. „Was wünschen Sie, Rabbi", fragte er. Da zog der Greis ein großes Widderhorn aus seinem Mantel hervor. „Ich habe hier ein Horn", sagte er, „das ich gerne verkaufen möchte."

Aron Feiwel besaß genug Widderhörner, von denen er noch nicht die Spitze abgebrochen und die er noch nicht zum Gebrauch im Tempel glatt und fein geschliffen hatte und jetzt, da man doch schon durch den ganzen Monat Elul beim Morgengebet ein Schofar benötigt hatte, war für ein volles Jahr auf keinen Käufer zu rechnen. Er wollte daher den Kauf ablehnen. Aber das Horn strahlte im finsteren Zimmer einen zarten und wundersamen Glanz aus. Dabei war es so groß und so schön gewunden wie keines der vielen Widderhörner, die Aron bisher in seinen Händen gehabt hatte.

„Welch' herrlichen, weithin schallenden Ton muß dieses Horn geben", dachte er. „Wenn ich es im nächsten Jahre rechtzeitig in die Hauptstadt bringe, dann zahlt mir der Vorstand des großen Tempels für dieses prächtige Schofar so viel ich will." Und Aron Feiwel kaufte, trotzdem er wenig Geld besaß, das Widderhorn und stellte es beiseite. Er wollte es gelegentlich während des kommenden Jahres zu einem wohltönenden Schofar umwandeln.

Die nächsten zwei Tage hindurch, da alle seine Gedanken auf den kommenden hohen Festtag gerichtet waren, dachte er wenig an das neuerworbene Widderhorn. Die beiden Rosch-haschanahtage verbrachte er dann im Tempel. Für alle Juden war es ein besonders feierlicher Moment, wenn der Schofar ertönte, aber Aron Feiwel sah und hörte viel mehr als die anderen.

Er selbst hatte den Schofar, der im Tempel ertönte, verfertigt, deshalb war er stolz auf dessen reinen Klang. Als zum erstenmal der Schofar erscholl, hörte er die Posaunen mit denen die Israeliten um die feindliche Stadt Jericho zogen, die von festen Mauern umgeben war. Aber die Posaunen, die so herrlich tönten, erschollen so kräftig, daß die starke Stadtmauer einstürzte. Als das nächste Mal Schofar geblasen wurde, sah sich Aron im Geiste in den Räumen des alten heiligen Tempels von Jerusalem und wohnte einer großen Opferung bei. Beim dritten Male aber sah er Isaak auf dem Holzstoße liegen, Abraham zückte schon das Messer, da ertönte die Stimme des Engels: „Abraham! Abraham! Tue dem Knaben nichts! Nun weiß ich, daß Du mich liebst und mir gehorchst!" Und Aron Feiwel sah nun auch den Widder im Gebüsch, den Abraham dann an Stelle seines Sohnes opferte.

Wie wunderbar! Die Hörner des Widders waren ebenso gewunden und glänzten genau so wie das seltsame Horn, das ihm der Greis verkauft hatte. Am zweiten Rosch-haschanahtag sah der Schofarmacher, wenn geblasen wurde, wieder und wieder dieses Bild und es erfaßte ihn eine heftige Sehnsucht, das neuerworbene Horn zu bearbeiten. Welch' herrliche Töne mußte man aus ihm hervorbringen können!

In den Bußetagen, die dem Neujahrsfeste folgen, war es die erste Arbeit, von dem seltsamen Horn die Spitze abzusprengen. Und schon

war der Schofar fertig, den zu glätten und zu feilen gab es an diesem wundersamen Horne nichts. Aron wollte den neuen Schofar an die Lippen setzen, um einen Ton zu versuchen. Doch als er das Horn erhob, erfaßte ihn eine sonderbare heilige Scheu, daß er nicht wagte, zu blasen. Während der nächsten Tage suchte sich Aron zu entsinnen, wen er vielleicht einmal beleidigt haben könnte und bat dann diese Leute um Verzeihung. Auch ihn baten viele um Entschuldigung, denn sie wollten alle, daß auch Gott ihnen am Versöhnungstage verzeihen möchte.

Jom-Kipur fastete Aron Feiwel selbstverständlich strenge und als am Abend der Schofarton, der den Schluß des großen Festtages anzeigt, verklungen war, eilte er nach Hause. Er dachte aber nicht sogleich an das Essen, sondern es hatte ihn eine heftige Sehnsucht erfaßt, nun endlich den neuen Schofar zu erproben. Wieder fühlte er die gleiche heilige Furcht, als er das Horn an die Lippen setzte, aber er faßte Mut und blies mit aller Macht. Da sah er sich plötzlich mitten unter dem ganzen Volke Israel, das aus Ägypten ausgezogen war, am Fuße des Berges Sinai. Der obere Teil des Berges war in dichten Feuerrauch gehüllt und himmlisch tönende Posaunen sandten so mächtige Töne herab, daß durch sie die ganze Welt erzitterte. Dann erscholl mit einer Donnerstimme, die dennoch wunderbar schön klang, die Verkündigung der zehn Gebote.

Aron Feiwel zitterte am ganzen Körper und als das letzte Wort des zehnten Gebotes verklungen war, setzte er totmüde sein Horn ab. Dann aber erstrahlte sein Gesicht vor seelischem Glück. Nun hatte er erkannt, daß es doch gut sei, zum jüdischen Volk zu gehören, welches die zehn Gebote erhalten und dieses herrliche Gesetzt und die Erkenntnis, daß es nur einen einzigen Gott gibt, der ganzen Menschheit mitgeteilt hatte.

Er berührte das Horn nie wieder, auch verkaufte er es nicht. Aber wenn es ihm so schlecht und elend ging, ja selbst wenn er einige Tage fast nichts zu essen hatte, dann jammerte er nicht mehr darüber, ein Schofarmacher und ein Jude zu sein, sondern er blickte auf das wunderbare Horn und war glücklich und zufrieden.

Die Laubhütte der Gefangenen.

Das war eine sonderbare Stadt! Sie bestand aus lauter gleichartigen, niederen, langgestreckten Holzhäusern, die man Baracken nannte! Nur ein Haus, worin Soldaten wohnten, war aus Stein gebaut. Um die ganze Stadt war eine hohe Bretterwand gezogen und vor den beiden Toren schritten Soldaten als Wache auf und ab.

In diesem eigentümlichen Städtchen wohnten, außer den Soldaten, nur Juden. In dem Lande, wo sie früher gelebt hatten, herrschte jetzt Krieg und die bösen Feinde hatten sie alle, Männer, Frauen und Kinder gefangen genommen und hierher gebracht. Sie wurden hier aber nicht schlimm behandelt. Im Barackenlager, so nannte man die hölzerne Stadt, durften die Juden treiben, was sie wollten. Da gab es Schuster, Schneider und viele andere Handwerker, die für die Bewohner des Barackenlagers und sogar für die Leute in den nahen Ortschaften arbeiteten. Auch eine Schule und ein Bethaus hatten sich die Juden errichtet.

Doch fast nie durfte einer von ihnen die hölzerne Stadt verlassen: sie waren ja Gefangene! Wenn sie etwas benötigten, konnten sie es sich durch Bekannte und Verwandte durch die Post senden lassen.

Als nun das Laubhüttenfest kam, schickten die Verwandten schöne Sukkothsträuße und zu jedem Strauß einen Ethrog. Aber Laubhütten, in denen man die Festtage verbringen kann, vermochten sie natürlich nicht zu senden.

Die Bewohner des hölzernen Städtchens wollten sich deshalb selbst ihre Laubhütten erbauen. Aber der Hauptmann der Soldaten sagte, er könne ihnen nur sehr wenig Holz geben und gestattete nur einem Juden ein einziges Mal außerhalb des Lagers Laub für das Dach zu holen. Das gab nun eine große Sorge für die Juden. Jede Familie wollte, zumindest während der Mahlzeiten, in einer Laubhütte weilen und nun besaßen sie alle, es waren Tausende Leute, nur ein einziges kleines Hüttchen!

Das Laub, das von draußen in das Barackenlager gebracht worden war, lag erst eine Weile stumm und erschrocken auf dem Hüttchen. Dann reckten sich einige Blätter empor und guckten neugierig umher. „Wie schrecklich sieht es hier aus!" sagten sie. „Wir sind das einzige Grün weit und breit! Und wie armselig sind diese gefangenen Menschen gekleidet! Auch machen sie gar keine freundlichen Gesichter. Schade, daß wir für solche Leute abgerissen wurden und nun früher sterben müssen."

Da fuhr der Wind zornig daher und sauste und zerrte die Blättchen, um sie für diese dummen Worte zu bestrafen. „Ihr seid doch Pflanzen und wollt Freude bereiten", sagte er, „wäre es Euch da lieber, glückliche Menschen zu erfreuen, als arme, traurige Gefangene? Wenn ich vor mehreren tausend Jahren, als die Juden aus Ägypten gezogen waren und lange umherirrten, durch die Wüste reiste, da habe ich oft gesehen, wie sich das Laub der Bäume danach sehnte, die Hütten der müden Menschen zu zieren und kühl und schattig zu machen."

In diesem Augenblick kamen zwei kleine Mädchen der Barackenstadt in die Hütte gelaufen, um diese zu besichtigen. „Wie schön ist es hier!" rief das eine. „Nur aus vier Pfosten und einigen Latten besteht die Hütte, aber das Laubdach macht sie schöner als ein Königsschloß!" „Und wie die Sonne lustig durch Blätter guckt!" sagte das andere. „Dort die halbverwelkten, die roten gefallen mir am besten."

„Seht Ihr", säuselte der Wind den Blättern zu, „sogar Euer Sterben, das Euch selbst ja nicht weh tut, bereitet diesen armen Leuten noch Freude." „Es tut uns wirklich leid", antworteten ihm nun die Blätter, „daß wir zuvor so dumm gesprochen. Wenn wir könnten, möchten wir gerne an jedem Stengel noch ein neues Blättchen ansetzen, um ein noch schöneres Dach zu bilden." „Auch ich möchte dann gerne viel länger werden", sagte der Tisch.

Bald kam die erste Familie, um Mahlzeit zu halten und schon stellten sich viele Leute an, um nach dieser Familie daran zu kommen. Mehrer wurden ungeduldig und drängten zu gleicher Zeit hinein. „Was tut Ihr denn?" riefen andere. „So viele kann doch das Hüttchen nicht fassen!"

Aber sonderbar! Sie fanden alle Raum. Und immer mehr Leute traten ein und immer mehr dehnte sich das Gerüst, immer länger und dichter wurden die Laubzweige auf dem Dache und immer länger wurden Tisch und Bänke, so daß schließlich alle Juden des Barackenstädtchens in der früher so kleinen Hütte sitzen konnten.

Und als die einfachen Speisen auf den Tisch gestellt wurden, da schmeckten diese so wunderbar, daß alle riefen: „Mah hu? Was ist das?" Wie einst die Israeliten in der Wüste gerufen hatten, als zum erstenmal Speise vom Himmel fiel.

Und jeden Tag kamen alle Juden in die Laubhütte.

Als die vielen, vielen Leute sie am siebenten Tage zum letztenmale verließen, wurde sie plötzlich wieder so klein wie früher. Aber daß sie sich so gewaltsam ausgedehnt hatte, muß ihr doch etwas geschadet haben, denn schon wenige Tage nach dem Sukkothfeste brach sie zusammen. Allen tat es leid um die schöne Hütte, aber besonders die beiden Mädchen weinten bitterlich.

Der mißtrauische Apfel.

Ein Simchath-Thoramärchen.

Ist das eine schrecklich finstere Höhle", rief das kleine, rote Äpfelchen erschrocken, als es in die Tasche des kleinen Benjamin plumpste. „So rutsche doch nicht so sehr auf mir herum! Ich bin so furchtbar kitzlig!" brummte ein großer Apfel, der schon in der Tasche lag. „Entschuldige, Bruder", erwiderte der Ankömmling. „Mir ist noch ganz schwindlig davon, wie ich von der Simchath-Thorafahne hinunter gepurzelt bin."

„Aber wie siehst Du denn aus?" sagte der andere. „Ich kann zwar hier nicht gut sehen, aber es scheint mir, als ob du schwer verwundet wärst." „Es ist nicht so arg!" rief das rote Äpfelchen, das schon wieder lachen konnte. „Freilich, als gestern der kleine Benjamin mit einem scharfen Messer oben und unten tief in mich hineinschnitt, da glaubte ich vor Schmerzen vergehen zu müsssen. Dann aber steckte er mich auf eine wunderschöne kleine Fahne und in mein oberes Loch setzte er ein weißes Kerzchen. Nun gingen wir vier: Benjamin, die Fahne, die Kerze und ich zusammen in den Tempel. Dort wurde das Kerzchen entzündet. Man sang herrliche Melodien und in einem Zug mit vielen großen Lichtern wurde die Thora umhergetragen. Das hättest Du sehen sollen!"

„Ach, ich hätte mich gewiß nicht gefreut", meinte der große Apfel, „ich hätte mich viel zu sehr vor dem bösen Benjamin gefürchtet. Als ihm heute seine Mutter vier Äpfel gab, da hat er uns schrecklich angesehen, bevor er uns in diese Höhle warf." „Vor meinem lieben Freund mußt Du Dich nicht fürchten", erwiderte das Äpfelchen. „Die Mutter hat ihm das Geschenk gemacht, damit er mit Euch spielen soll. – Pst! Sei still! Ich will hören, was der Großvater sagt."

„So ist es recht", vernahm man die Stimme des Großvaters. „Springe nur lustig hin und her. Heute, an dem Tage, an dem man die Thora wieder von vorne zu lesen beginnt, sollen die Kinder fröhlich sein. Das kommt daher:

Als Gott auf dem Berge Sinai den Juden sein Gesetz anvertrauen wollte, sagte er: „Gebt mir Bürgen dafür, daß Ihr meine Lehren immer treulich bewahren wollt." „Unsere Väter sind unsere Bürgen", erwiderte das Volk Israel. „Die genügen mir nicht", sagte aber Gott. „Abraham, Isaak und Jakob waren sehr gute Menschen, aber doch hat jeder von ihnen einmal gesündigt." „So sollen unsere Kinder die Bürgen sein", rief das Volk. „Ja", erwiderte Gott, „diese Bürgen gefallen mir. Den lieben, unschuldigen Kindern vertrau ich."

„Ach, so kann der liebe Gott sprechen", sagte der große Apfel, „der wird ja nicht von den Kindern gegessen. Und Benjamin ist gewiß ein besonders böser Mensch. Wir waren doch zuerst vier Brüder und nach und nach sind drei von uns verschwunden. Ich kann den Kindern nicht trauen!" Da kam auch schon eine Hand in die Tasche gefahren und ergriff den erschrockenen großen Apfel.

Benjamin wußte natürlich nicht, was der arme Apfel dachte. Aber weil der so schön war, biß der Knabe lustig in ihn hinein und ließ sich ihn vortrefflich schmecken. Das kleine Äpfelchen liegt aber noch jetzt aufbewahrt im Wäschekasten. Freilich, rotbackig ist es schon lange nicht mehr, sondern es sieht verdorrt aus, ist braun und hat viele, viele Runzeln. Oftmals aber lacht es noch jetzt stille in sich hinein, wenn es daran denkt, wie stolz es einst auf der Fahne saß und ein brennendes Kerzchen trug und wie herrlich alles im Tempel gewesen.

Menorah und Trendel.

Ein Channukkamärchen.

Es war tiefe Nacht. Die Lichter der Menorah waren längst erloschen, da erhob sich plötzlich das kleine, bleierne Trendel auf der Tischplatte, begann lustig zu tanzen und tanzte über alle Stühle auf das Fensterbrett, wo die Menorah stand. „Schalom, guter alter Freund!" sagte das Trendel, während es sich immerfort lustig drehte. Wenn ein jüdisches Wesen diesen Gruß: „Friede!" hört, der ein inniger Wunsch und ein tiefes Gebet ist, muß es antworten. „Schalom!" erwiderte der achtarmige Leuchter etwas brummig. „Aber Dein guter Freund bin ich nicht! Ich kann doch nicht der Freund einer lustigen Person sein, die immerfort tanzt und sich so sehr dreht, daß ihr im Kopf schwindeldumm sein muß!" „Ich weiß auch", sagte das Trendel, „welche Ehre Deine Bekanntschaft für mich ist. Aber wir gehören schon seit langer Zeit zusammen!"

„Zusammen gehören wir gar nicht!" erwiderte die Menorah. „Meine Familie kennt übrigens die Deine erst einige hundert Jahre. Du weißt wahrscheinlich nicht einmal, daß mein Urahne, ein siebenarmiger Leuchter, schon vor mehr als zweitausend Jahren im Tempel in Jerusalem stand und sein Weisheitslicht in alle Welt sandte. Dann wanderte ich, so wie die Thora, mit den Juden überall hin. Und wenn sie meine Lichter auch nur zu Chanukka entzündeten, so stehe ich doch immer als Schmuck des Hauses auf dem Kasten. Und sie blicken stets gerne zu mir empor. Dich aber hält man während des ganzen Jahres in der Lade versperrt, denn die Juden haben nicht viel Zeit zur Lustigkeit. Und zu Chanukka dreht Dich vielleicht einmal der Hausherr, aber eigentlich kümmern sich nur die dummen Kinder um Dich."

„Und doch gehören wir zusammen, alter Brummbär", rief das lustig lachende Trendel. „Wenn die jüdischen Väter nicht immer für Spiel und Lustigkeit ihrer Kinder gesorgt hätten, dann würde es auch keine erwachsenen Juden geben, die sich an dem Licht des Wissens freuen. Und hat nicht der weise König David vor der Thora getanzt? Leg doch Deine Würde ab und tanze mit mir!"

„Du weißt", sagte die Menorah ernst, „ich erinnere daran, daß die Juden einst Palästina wieder ihr Eigentum nennen dürfen. Tanzen darf ich erst dann, bis es wieder das freie Land der Juden sein wird."

„So will ich einstweilen allein tanzen." Dabei drehte sich das Trendel so toll, das es öfter an die Menorah ansprang. Das gab immer einen lustigen, hellen Klang. „Ei was ist das?" rief die Menorah. „Ich verspüre ein lustiges Kribbeln in meinem Fuß! Ich glaube, ich werde bald tanzen dürfen!" In diesem Augenblick sprang wieder das Trendel an den Leuchter an. „Hör doch, wie gut wir zusammenklingen: Die Weisheit und die Jugendlust", rief es dabei. „Und es klingt nicht wie der dumpfe Schlag des Makkabäerschwertes auf dem Panzer des Feindes", meinte die Menorah. „Es klingt wie das Dengeln einer Sense und dabei höre ich noch einen süßen Sang. Mit Arbeit und fröhlichem Gesang wird diesmal unser Volk das Land erringen, Schalom!" Da machte das Trendel eine Verbeugung zum Abschied. „Also auf ein baldiges Tänzchen im Judenland! Schalom!"

Und es tanzte wieder auf die Tischplatte zurück und lag dort, als ob nichts geschehen wäre. Es sah aber doch so lustig aus, daß am Morgen die Kinder fröhlich lachten, als sie es erblickten.

Chamischa Assar beSchwat.

Der kleine Kanarienvogel schlüpfte munter aus seinem geöffneten Häuschen und flog auf die Palme, welche in einem schön verzierten, kübelförmigen Gefäß traurig beim Fenster stand.

„Tirili, tirili!" sang lustig der Vogel.

„O Bäumelein, o Bäumelein,
Wach' auf aus Deinem Träumelein,
Sei lustig und nicht krank und matt
Chamischa assar beschwat!"

„Ich weiß", sagte die Palme, „daß heute unser Rosch-haschanah ist. Fröhlich ist mir aber nicht zumute. Heute werden wir Bäume vom Ewigen ins Buch geschrieben. Wer dieses Jahr absterben, wer neue Blätter ansetzen, wer Blüten und Früchte tragen soll und welcher Bruder im Walde heuer gefällt werden wird, das alles steht in dem Buche. Ich aber bin gewiß bestimmt, heuer abzusterben."

„Tirili, tirili!" sang wieder das Vögelein.

„O Bäumelein, o Bäumelein,
Das ist eine dummes Träumelein,
Warst sonst ja auch nicht krank und matt
Chamischa assar beschwat!"

„Nun stehe ich schon sechs Jahre hier in der Ecke. Das Zimmer ist immer hübsch durchwärmt und begossen werde ich immer nur mit lauwarmem Wasser. Doch länger halte ich es nicht mehr in der Zimmerluft aus. Ich sehne mich nach der hellen Sonne des Karmel und nach seiner herrlich durchdufteten Luft."

„Willst Du mir nun wieder die traurige Geschichte erzählen", sagte der Vogel, „daß Du heiter und ohne Sorgen am Fuße des Karmel standest, als plötzlich der Herr dieses Hauses mit einem Arbeiter kam und Dich ausgraben ließ, um Dich als Andenken an seinen Aufenthalt in Palästina mit hierher zu nehmen. Heute, an Deinem Neujahrsfest, darfst Du an solche Dinge nicht denken; da mußt Du lustig sein!"

„Hier?" sagte traurig fragend die Palme. „In meinem Heimatland ist es freilich lustig an diesem Tage. Er wird nicht wie die anderen jüdischen Feiertage schon am Vorabend gefeiert, denn für uns Bäume beginnt ein Fest erst, wenn die Sonne erwacht. Der erste Schrei des Hahnes klingt uns an diesem Morgen so schön und feierlich, wie den Menschen der Schofarton an ihrem Rosch-haschanah. Und die Würmchen und Käferchen kriechen aus ihren Schlupfwinkeln hervor, die Rehe und die anderen Waldtiere kommen zu uns heran und die Vögel singen wunderschön und fliegen um unsere Wipfel in lustigem Reigen. Und alle, alle gratulieren uns. Wir aber fühlen voll Freude neue Kraft in unserem Stamm aufsteigen. Denn bei uns kommt jetzt schon der Frühling und nie wird es so kalt dort, wie in diesem rauhen Lande."

So sprachen der Vogel und die Palme noch lange miteinander und diese erzählte so viel von ihrer sonnigen, fruchtbaren Heimat, daß der Kanarienvogel, der nur wußte, daß seine Vorfahren vor mehr als hundert Jahren in einem fernen, heißen Lande gefangen worden waren, aber nicht ahnte, in welchem, sich nach den Gegenden zu sehnen begann, welche der Baum so herrlich schilderte.

Doch plötzlich wurde ihr Gespräch unterbrochen. Die Mutter kam und deckte den Tisch. Bald kamen auch der Vater und die Kinder. Heute wurde aber nicht sogleich die Suppe aufgetragen, sondern die Mutter reichte jedem einen Teller mit Südfrüchten. Da gab es Datteln, Feigen, Orangen, Johannisbrot, Mandeln und andere gute Dinge. „Sieh doch!" sagte die Palme zu ihrem Freund. „Früchte aus meiner Heimat!"

Der Vater sprach den Segensspruch und das Schehechejanu. Als dann alle gegessen hatten, sagte er noch einige hebräische Worte, die er bisher noch nie gesprochen, obwohl er sie schon vor vielen Jahren einmal an diesem Tage von einem frommen Manne in Polen gehört hatte. „Wir mögen erleben", sprach er feierlich und hoffnungsfroh, „das kommende Jahr die Früchte des Karmel zu essen!"

„Hörst Du?" sagte die Palme erfreut in ihrer für die Menschen unhörbaren Sprache. Und der Vogel schmetterte sein Tirili so lustig und schön in die Stube, daß die ganze Familie erstaunt aufhorchte. „Endlich steht der Plan unseres Hausherrn fest", fuhr die Palme fort, „und gewiß übersiedeln wir schon in wenigen Monaten nach dem Lande Israels. Dann wird man mich wieder in die heimatliche Erde einsetzen und ich werde nicht so klein bleiben, wie ich es hier, in diesem häßlichen Kübel hätte bleiben müssen, sondern ich werde groß und stark werden."

Trotzdem die Palme nun noch im Zimmer stand, fühlte sie in ihrer großen Hoffnungsfreude plötzlich neue Kräfte so warm und belebend in sich aufsteigen, wie es sonst an diesem Tage nur die Bäume in Palästina fühlen.

„Tirili, tirili", sagt wieder der Vogel

„Mein Bäumelein, mein Bäumelein,
So schön ist gar kein Träumelein,
Jetzt bist Du nicht mehr krank und matt
Chamischa assar beschwat!"

Mordechai lebt.

Ein Purimmärchen.

In der guten Stube des angesehenen Kaufmanns einer kleinen Judenstadt ging es am Purimabend lebhaft zu. Ein großes Mädchen, das eine Puppe verkehrt in der Hand trug, weinte laut, weil ihr Kindlein erfrieren müsse, wenn man ihm keine Kleidchen schenke. Einige maskierte Kinder ahmten in lustiger Weise eine Bauernhochzeit nach und nun begann sogar eine Gesellschaft die Purimgeschichte zu spielen. König Achaschwerosch war in diesem Stück stark betrunken und der Sohn Hamans, ein dummer Junge, sprang wie ein Hanswurst umher. Wldaschthi und Königin Esther waren als Frauen verkleidete Männer und Esther ahmte ziemlich gut die Frauenstimme nach, aber manchmal hörte man doch, daß sie von Natur aus eine wahre Brummbärstimme hatte.

Die Hausfrau reichte Getränk und Bäckerei umher, der Hausherr aber, der bei dem weißgedeckten Tisch saß und vor dem für wohltätige Zwecke einige Geldstößchen bereit standen, hörte wohl zu, aber immer wieder mußte er denken: „Wo mag denn mein kleiner Ruben sein? Ich staune, daß er noch immer nicht hier ist. Oder sollte er schon verkleidet im Zimmer sein, ohne daß ich ihn zu erkennen vermag?"

Ruben, ein zehnjähriger Knabe, hatte wohl nicht gesagt, er wolle maskiert gehen, denn dann hätte sein Vater ihm dies gewiß verboten. Der Vater war nun aber garnicht böse, daß sein Junge nicht daheim war, denn er wußte, wie sehr sich jedes Kind freut, wenn es an einem Maskenscherz teilnehmen kann. Und dann würde der brave Ruben ja doch nur für arme Leute Geld sammeln. Das Purimspiel war aus, da kam eine kleine Schar verschieden maskierter Kinder herein, wovon eines Tamburin schlug. Sie sangen:

„Guten Purim, meine lieben Leut',
Wollet unseren Spruch anhören:
Schenkt eine Gabe für arme Leut',
Das wird Eure Freude nicht zerstören."

Der Hausherr rief die Kinder zu sich heran und suchte zu erraten, wer sie seien. Da gewahrte er in der äußersten Ecke des Zimmers einen kleinen Kaminfeger, der sehr schüchtern schien und sich nicht zu ihm heranwagte. Die Gestalt des Knaben mit der Maske aus schwarzem Hutzuckerpapier kam ihm bekannt vor, auch die alte offenbar mit Ruß geschwärzte Lederhose schien ihm nicht unbekannt, aber die sonderbare kleine, schwarze Leiter gab ihm zu denken. Plötzlich stand er auf und ging in ein anderes Zimmer. Wirklich fehlte vom braunen, hölzernen Kinderbett der vordere Teil, der herauszunehmen war. Ruben, der sich ärgerte, als zehnjähriger Junge noch immer im Kinderbett schlafen zu müssen, hatte sich wohl an dem Bette rächen wollen, das braune Leiterchen mit Ruß gefärbt und zu seiner Maskerade benützt.

Zornig ging der Vater in die gute Stube zurück und setzte sich wieder aus seinen Stuhl. „Komm' doch auch her, kleiner Kaminfeger", sagte er. Langsam und ängstlich kam dieser heran. „Glaubst Du, ich erkenne Dich nicht, Ruben!" sagte der Vater in zornigem Ton. „Die Hose und das Kinderbett so zu ruinieren, das geht doch zu weit!"

Er mußte wohl vergessen haben, daß heute Purim war und man sich nicht ärgern durfte, denn er neigte sich plötzlich verdächtig nahe zu Ruben hin und suchte ihn zu erfassen. Der erschrockene Junge drehte sich rasch um, um zu entfliehen. Da lachten alle Leute im Zimmer laut auf, denn als sich Ruben so schnell umdrehte, war er, ohne es zu wollen, mit seinem rückwärts über die Schulter herausragenden, in Kienruß getauchten Besen seinem Vater ins Gesicht gefahren. Der Knabe floh während des allgemeinen fröhlichen Lärmes aus dem Zimmer und der Vater, dessen Gesicht nun über und über schwarz war, schämte sich seines Zornes und ging in die Küche, um sich dort von der Magd warmes Wasser zum Waschen geben zu lassen.

Der kleine Ruben stand unglücklich und ratlos auf der Gasse. Daß er die Lederhose, ein altes Hemd und den Teil des Kinderbettes geschwärzt hatte, hätte ihm sein Vater wohl noch verziehen, denn ein altes Sprichwort lautet: „Purim geht all Ding an." Da darf man über einen kleinen Scherz nicht ungehalten werden. Aber daß er ihm vor allen Leuten mit dem rußigen Besen ins Gesicht gefahren war, daß konnte der

Vater wohl nie verzeihen. Ins Haus zurück, wagte sich daher der Knabe nicht, aber auch in anderen Häusern Maskenscherz zu treiben, hatte er jetzt keine Lust mehr. So ging er schließlich in das Häuschen, in welchem rückwärts der krumme Franz sein Zimmerchen hatte.

Der krumme Franz, schon ein älterer Herr, war ein lustiger Tagelöhner, der in allen Judenhäusern, wo es Holz zu schneiden, Säcke zu tragen, Zimmer zu kalken oder sonst was zu tun gab, beschäftigt wurde. Er war der Freund aller Kinder und es gab wohl keinen Knaben und kein Mädchen, mit dem er nicht schon irgend einen Scherz getrieben hätte. Heute hatte er mit dem Wagen eines Getreidehändlers in ein entferntes Dorf fahren müssen. Seinen kleinen Freunden wollte er aber doch die Möglichkeit nicht rauben, sich heimlich zu verkleiden. Daher hatte er drei Jungen, darunter auch Ruben, gezeigt, wo er den Schlüssel seines Zimmers verbergen werde, damit sie und ihre Kameraden es benützen könnten. Freilich, ganz uneigennützig tat er dies nicht, denn er wußte wohl, daß er dafür von manchen Eltern ein Gläschen Branntwein und vielleicht auch einige Purimkrapfen geschenkt erhalten würde.

Ruben nahm aus einem Loch unter der schlechten Hausdiele den Schlüssel hervor, öffnete und zündete im Zimmerchen eine Kerze an. Dort mag es auch sonst nicht sonderlich sauber ausgesehen haben, aber heute lagen die gewöhnlichen Kleider der maskierten Kinder auf dem Tisch, Bett, Fußboden und sonst überall umher. Hier lagen Farben und Pinsel, dort zerknülltes Papier, eine schlecht geratene Krone, verschmierte und zerrissene Masken, schiefgeratene Holzschwerter. Ein kleiner Taschenspielgel lag zertreten auf der Erde und ob man nun auf den Tisch, auf das Bett oder auf den Fußboden blickte, überall erkannte man, daß sich Ruben mit Ruß angestrichen hatte.

Der Knabe setzte sich achtlos mit seinem geschwärzten Anzug auf einen Sessel, auf welchem der lichte Rock eines seiner Freunde lag, riß sich zornig die schwarze Papiermaske vom Gesicht, und nachdem er kurze Zeit gedankenlos vor sich hingestarrt hatte, stand er plötzlich auf, suchte unter den herumliegenden Kleidungsstücken die seinen hervor, wusch sich in einem bereit stehenden Waschbecken und zog sich um. Als er dann wieder aussah wie ein anständiger Knabe, atmete er

erleichtert auf. Heim wagte er sich aber auch jetzt noch nicht. Er wollte eine so späte Stunde abwarten, daß daheim bestimmt schon alles schlief und er sich heimlich in sein Zimmer schleichen konnte. Daher setzt er sich wieder nieder. Allmählich sank sein Kopf immer tiefer auf den Tisch herab und bald war er eingeschlafen.

Kaum hatte Ruben zu schlafen begonnen, da öffnete sich die Wand des Zimmers und in der Ferne erschien auf den erhellten Wolken ein ungeheurer, böse dreinblickender, rotbärtiger Mann in vornehmer asiatischer Kleidung. Er ballte drohend die Faust gegen den schlafenden Knaben. „Ha, ha!" lachte er dann höhnisch. „Siehst Du nun, wie dumm eure Purimfreude ist. Obwohl ich vor tausenden Jahren am Galgen starb, lebe ich noch immer als Geist und verstehe es auch heute noch, Euch Juden zu schaden!"

Doch da standen plötzlich ein ebenso großer, würdig aussehender, alter jüdischer Mann und eine junge, schöne Frau mit Königskrone vor ihm. „Auch ich, Mordechai, lebe noch!" sagte der Alte. „Ich verstehe es auch heute noch, mein liebes Volk vor Dir zu schützen!"

„Ihr seid da!" sagte Haman. „Da muß ich freilich verschwinden." Aber er verschwand nicht wirklich, sondern er wurde nur so klein, wie ein Mäuschen und glaubte, daß ihn nun niemand sehen könnte. Und das winzige Männchen kam immer näher und näher. Plötzlich stand es auf dem Tisch, auf dem der Kopf des schlafenden Knaben lag. „Der dumme Mordechai glaubt, ich sei verschwunden", wisperte das Männlein dem schlafenden Knaben ins Ohr. „Während er sich nun mit Esther unterhält, will ich das Zimmer des krummen Franz anzünden. Morgen werde ich dann überall erzählen, daß mehrere Juden in ihrem Purimübermut das Haus mit Absicht in Brand gesteckt hätten." Und plötzlich warf das kleine Männlein die brennende Kerze, die auf dem Tische stand, um.

„Nein", sagte da Mordechai laut, „Du kannst uns keinen Schaden zufügen! Dieses Mal soll ein kleiner, braver Knabe zunichte machen, was Du Schlimmes anstellen wolltest." Und der alte Jude kam näher, erfaßte die Hand Rubens und nun schlug diese auf die Flamme der Kerze und verlöschte sie. Da schrie das kleine Männchen vor Zorn so fürchterlich auf, daß der Knabe erwachte. Der sah nun sogleich, daß es um seine Hand herum noch Flammen gab, denn die Maske aus schwarzem Zuckerhutpapier brannte bereits. Schnell tappte er, obwohl ihm das weh tat, mit seiner Hand noch einige Male hin und sogleich war das letzte Flämmchen verlöscht.

Nun erst sah sich Ruben um. Es war nicht ganz dunkel und doch konnte er das Männlein, den alten Mordechai und Esther nicht mehr sehen. Auch war die Wand des Zimmers geschlossen wie früher.

Der Knabe wußte aber, daß er nicht nur geträumt hatte, denn die Kerze lag noch umgeworfen auf dem Tisch, und daß er selbst mit Hilfe Mordechais im Schlafe die Flamme verlöscht und so einen bösen Plan Hamans vernichtet hatte, das sagte ihm ein heftiger Schmerz in seiner Hand nur zu deutlich.

Nun war Ruben nicht mehr traurig und ängstlich. Er war vielmehr froh und stolz wie nie zuvor. Schell band er sich ein nicht gerade reines Stück Leinen, daß er am Fußboden liegen fand, so gut er konnte, um die rechte Hand. Dann eilte er nach Hause.

Aber in dem Hausflur wurde ihm wieder bange zu Mute. Die Zimmertür stand offen und da sah er, daß alle Purimgäste bereits im Begriffe waren, fortzugehen. Sie sangen nur noch das Lied, das immer gesungen wurde, bevor sie Abschied nahmen. Ihr Gesang klang lustig und sie klatschten dabei in die Hände. Auch der Vater sang und klatschte mit.

„Nach Erez Israel
Werden wir alle gehen.
Schreiet alle Kinder
Wenomar amen."

Da konnte der kleine Ruben nicht mehr das Ende des Liedes abwarten. Er lief ins Zimmer und auf den Vater zu.

„Vater", rief er. „Mordechai lebt! Ich habe ihn selbst gesehen!" Die Leute unterbrachen erstaunt ihren Gesang und manche lachten. „Weißt Du es sicher, daß er noch lebt?" fragte halb im Ernst halb im Scherz der Vater. „Gewiß! Ich habe ihn selbst gesehen! Nicht vielleicht einen verkleideten Purimspieler!" „Nun, weil Du eine so große, freudige Neuigkeit bringst", erwiderte der Vater, „daß Mordechai noch immer lebt und gewiß niemals stirbt, will ich Dir Deinen heutigen Streich verzeihen!" Er konnte sich aber nicht weiter mit seinem Jungen befassen, denn schon setzten die Gäste ihren Gesang fort.

„Amen ist doch deutsch
Es soll werden wahr!
Bimherah bejamenu
Doch schon dieses Jahr!"

Die Mutter aber kümmerte sich wenig darum, daß man vor ihrem Abschied mit den Gästen noch einige Worte sprechen mußte. Jetzt überließ sie dies allein ihrem Manne, denn sie hatte bemerkt, daß Ruben die rechte Hand verbunden trug.

Sie nahm ihn in das zweite Zimmer. Dort mußte er ihr seine Verwundung zeigen und alles erzählen. Als er nun schilderte, wie Mordechai das Häuschen, in welchem der krumme Franz wohnte, vor dem Verbrennen geschützt habe, schrie sie entsetzt auf: „Da hättest Du ja auch verbrennen können, mein liebes Kind!"

„Ach nein", erwiderte Ruben, „das hätte doch Mordechai nicht zugegeben!" Die Mutter herzte und küßte ihn vor Freude, daß er gesund zurückgekommen war. Ruben war jetzt glückselig, weil ihn seine Eltern mit keinem bösen Wort empfangen hatten. Und da er großen Hunger verspürte, aß er nun fast alle Bäckereien, die noch übrig geblieben waren.

Dajenu.

Ein Pessachmärchen.

I.

Vor vielen, vielen Jahren lebte in einem fernen Lande ein alter König, der kein guter Herrscher war und besonders die Juden hart bedrückte. Deshalb hatte mancher, der nicht genug Mut besaß, die Leiden seines Volkes zu ertragen, den heidnischen Glauben des Landes angenommen. Ein solcher ehemaliger Jude, namens Dajenu, war auch der erste Minister des Königs. Er war nicht der klügste Mann des Landes und hatte nur dadurch eine so hohe Stellung erlangt, daß er dem greisen Herrscher immer zu schmeicheln wußte.

Als nun der alte König starb und sein guter, kluger Sohn zur Regierung gelangte, wollte dieser nur die weisesten und besten Männer zu Beratern haben. Er ließ daher im ganzen Land bekanntmachen, jede Gemeinde müsse in zwei Wochen ihre gelehrtesten Männer an den Hof senden, auch alle früheren Minister sollten erscheinen. Die klügsten von all' diesen Männern würden dann seine Minister werden.

An dem bestimmten Tag kamen nun die Gelehrten des ganzen Landes und alle früheren Minister in den großen Festsaal des königlichen Schlosses. Dort sahen sie den König auf seinem Throne sitzen. Links neben ihm stand ein leerer, prächtiger, goldener Stuhl, der für den ersten Minister bestimmt war. Etwas weiter entfernt von diesem standen noch zehn einfachere goldene Stühle, auf welchen die anderen Minister sitzen sollten.

Als erstes verlangte der König, jeder möge ein Gedicht machen. Wessen Gedicht das schönste sei, der werde Minister der Kunst. Dajenu, der frühere Minister, dachte: „Die dummen Gelehrten werden sich plagen, viele Weisheiten in ihr Gedicht zu schreiben. Ich aber will in dem meinen nur den König loben und ihm recht schmeicheln, dann wird ihm mein Gedicht am besten gefallen und ich werde Minister der Kunst.

„Der König ist weise, man sieht's an der Stirn:
Kein noch so großer Ochse hat so ein Gehirn.
Sein Auge ist blau, grad' so wie das Meer,
Doch ist jedes Wasser noch schmutziger als er.
Die Nase ist groß und schön wie ein Berg,
Vor fürstlichen Nasen ist jede ein Zwerg.
Bug, bug, bug,
Der König ist klug!
Bön, bön, bön,
Der König ist schön!"

Noch viele solcher Dummheiten schrieb er nieder und war sehr stolz darauf, daß sein Gedicht so schön sei. Als aber der königliche Haushofmeister dieses Gedicht vorlas, lachten alle Leute den früheren Minister aus.

II.

Unter den Gelehrten befand sich auch ein Rabbiner, der alle hebräischen Bücher, die je geschrieben worden waren, gelesen hatte und deshalb sehr weise war. Auch er lobte in seinem Gedicht. Aber er pries nicht den König, sondern den Schöpfer der Welt und schrieb viele weise Gedanken über alle Einrichtungen der Welt und über das menschliche Leben in das Gedicht hinein. Als der König es verlesen hörte, rief er sogleich: „Das ist die schönste und beste Dichtung!" Nun durfte sich der Rabbiner auf den goldenen Sessel setzen, der am weitesten entfernt vom König stand und war Minister der Kunst.

Jetzt wollte der König einen Minister der Schule wählen. Und weil die Juden schon vor tausenden Jahren alle Kinder unterrichteten, als noch bei keinem anderen Volke Schulen waren, wußte der Rabbiner von allen Gelehrten am besten zu schreiben, wie man die Kinder erziehen müsse. Nun durfte sich der Rabbiner auf den zweiten Sessel setzen, der dem König schon ein wenig näher stand, und war Minister der Schule. Minister der Kunst wurde aber der Gelehrte, der das zweitbeste Gedicht gemacht hatte.

Nun fragte der König, wie der Mensch gesund und sehr alt werden könne. Und weil die Juden immer in allen Ländern zu den besten Ärzten gehörten, wußte der Rabbiner auch dies am besten. Wieder durfte er dem König um einen Sitz näher rücken und war jetzt Minister der Gesundheit.

Als der nächste Minister gewählt werden sollte, der des Ackerbaues, freuten sich viele Gelehrte, die den Rabbiner schon beneideten. „Dieses Mal", dachten sie, „wird er bestimmt nicht der klügste von uns allen sein, denn die Juden verstehen nicht, wie man die Erde bebaut." Sie hatten sich aber geirrt. Die Juden waren nämlich einstmals ein Ackerbau treibendes Volk und damals haben sie auch Bücher geschrieben, in welchen steht, wie man die Haustiere pflegen, wann man den Acker düngen, den Samen streuen, die Frucht ernten soll und was man machen muß, daß die einzelnen Pflanzen besonders gedeihen. Der Rabbiner hatte auch diese Bücher gelesen und so wußte er wieder besser Bescheid, als die anderen Gelehrten und wurde Minister des Ackerbaues.

Auch in allen anderen Wissenschaften war der Rabbiner der Meister und weil er nacheinander auf allen zehn Ministerstühlen gesessen hatte, rief ihn der König neben sich auf den besonders prächtigen Sessel. So ward der Rabbiner der erste Minister.

Da wurde Dajenu über und über rot vor Zorn, denn er glaubte, daß nur ihm diese hohe Stelle gebühre. Er hatte doch ein so schönes, den König verherrlichendes Gedicht geschrieben. Auch er war früher, als er erster Minister gewesen, klug genug, um zu regieren. In seinem Innern schwur er nun, sich an dem jungen König zu rächen, weil dieser ihn nicht wieder ernannt hatte. Auch an dem Rabbiner wollte er sich rächen, weil jetzt dieser an seiner Stelle neben dem König saß.

III.

Fast ein Jahr war seitdem vergangen. Das Volk hatte den jungen König schon lieb gewonnen und war mit dessen klugen Beratern sehr zufrieden. Eines Tages, es war Erew Pessach, kam Dajenu zu dem guten Herrscher und sagte: „König, ich kann es nicht länger verschweigen. Ich muß Dir endlich melden, daß der Rabbiner, der erste Minister, ein Verräter ist und Dir nach dem Leben trachtet." Der König war sehr überrascht, doch konnte er das Gehörte nicht glauben. „Womit vermagst Du dies zu beweisen?" fragte er. „König", sagte Dajenu, „Du kannst Dich selbst davon überzeugen, wenn Du heute abends durch das Fenster in seine Wohnung spähst. Dort werden sich mehrere Juden versammeln, um über Dich Gericht zu halten. Um einen feierlich beleuchteten Tisch werden sie sitzen und der Rabbiner und einige andere Juden werden sogar Richtertalare tragen. Nicht schwarze, wie unsere Richter, sondern weiße. Weil aber ihre Verhandlungen verbrecherisch sind, werden sie alle in einer fremden, uns unverständlichen Sprache sprechen. Wirst Du, wie ich Dir rate, Deinen ersten Minister und seine Gesellschaft belauschen und alles richtig finden, was ich gesagt habe, dann kannst Du ihn ohne weiteres verhaften lassen. Ich werde hernach den weiteren Beweis erbringen, daß er Dir nach dem Leben getrachtet hat."

Da Dajenu so bestimmt sprach, mußte der König ihm alles glauben. Um sich aber selbst zu überzeugen, beschloß er, dem Rate Dajenus zu folgen und sich abends zu des Rabbiners Fenster zu schleichen.

Doch der Prophet Elia, den man auch Eliahu nennt, weilte bereits unsichtbar auf Erden, um die Sedervorlesung vieler Frommen zu besuchen. Er hatte das Gespräch zwischen Dajenu und dem König gehört und beschloß sogleich bei sich, den unschuldigen Rabbiner zu retten.

Als er abends den König vom Schlosse fortfahren sah, eilte er voraus. Er wollte aber, daß der junge Herrscher erst während eines bestimmten Teiles der Hagadahvorlesung an das Fenster des Rabbiners komme und trat daher ein großes Loch in die Straße. Hier sollte der königliche Wagen längere Zeit stecken bleiben.

IV.

Beim Rabbiner waren indessen um den hellerleuchteten Sedertisch viele Leute versammelt. Wer sonst keine Familie kannte, bei der er die Hagadahvorlesung hören konnte, war gekommen. Auch einige Leute, welche eben durch die Hauptstadt des Königs reisten, hatte der Rabbiner geladen. Er und alle anderen verheirateten Männer hatten heute den feierlichen, glänzend weißen Sterbemantel angezogen. Als nun der gelehrte

Hausherr die Worte sprach, die bald nach Beginn der Vorlesung gesprochen werden: „Wer hungrig ist, komme und esse mit uns!" da war es ihm, als ob wirklich jemand ins Zimmer getreten wäre. Er konnte zwar niemanden sehen, doch es war ihm viel froher und feierlicher zumute als zuvor und er sang alles so schön wie noch an keinem anderen Sederabend.

Hätten nicht alle dem schönen Vortrag des Rabbiner gelauscht, so hätten sie gehört, daß etwas abseits vom Hause ein Wagen stehen bliebe und sich ein Mann leise ans Fenster heranschlich.

Eben gelangte man zu der Hagadahstelle, wo viele Wunder aufgezählt werden, welche Gott während des Auszuges aus Ägypten und während der Wüstenwanderung für uns getan hat und wo nach der Erwähnung jedes einzelnen Wunders alle Anwesenden sagen: „Dajenu, dies allein wäre schon genug."

Da wurde der Rabbiner aber plötzlich so heiser, daß der Lauscher auf der Gasse ihn nicht hören konnte. Er sprach wohl den vorgeschriebenen Text aber selbst die bei Tische Sitzenden vermochten ihn kaum zu vernehmen. Der lauschende König hörte jedoch eine Stimme, welche er für die seines Ministers hielt. „Wer ist ein Verräter? Wer trachtet dem König nach dem Leben, weil er ihn nicht zum ersten Minister ernannt hat?" fragte die Stimme. „Dajenu", antworteten alle im Zimmer des Rabbiners, so wie es vorgeschrieben ist. „Wer hat in seinem Kasten einen Plan liegen, wie seine Freunde das Volk aufhetzen sollen, damit er selbst der König wird?" „Dajenu", antworteten wieder alle Juden im Zimmer. Noch elf so fragende Anklagen brachte die Stimme vor und immer antworteten die versammelten Juden: „Dajenu!"

Als der junge Herrscher all dies vernahm, wurde er zornig und wollte sich sogleich von der Wahrheit des Gehörten überzeugen. Er fuhr schnell in sein Schloß zurück, ließ das Haus des früheren ersten Ministers durchsuchen und wirklich fand er im Kasten Dajenus den Verschwörungsplan. Da wurden Dajenu und seine Freunde verhaftet und hingerichtet.

Inzwischen kam der Rabbiner nach der Festmahlzeit in seiner Vorlesung zu der Stelle, an der man die Tür öffnet, um den Propheten Eliahu zu Gast zu bitten. Kaum aber war geöffnet und jeder trank aus seinem Becher, da wurde auch der goldene Becher, der in der Mitte der Tafel für Eliahu bereitstand, bis zur Hälfte leer. „Eliahu ist hier oder war hier!" rief der Rabbiner erfreut, als er dies bemerkte.

Am nächsten Tag ließ nun der König seinen ersten Minister zu sich rufen. „Ich danke Dir", sagte er zu dem erstaunten Rabbiner, „daß Du mich aus einer so großen Gefahr errettet hast. Ich weiß, daß Du mit anderen Juden gestern ein Gericht über Dajenu hieltest. Dieser Verräter, der sich gewiß vor treuen Menschen gefürchtet hat, hat Euch bei mir zu verleumden gesucht und sogar gesagt, daß Du mir nach dem Leben trachtest."

Da erkannte der Rabbiner, in welcher Gefahr er und seine jüdischen Freunde noch am vorherigen Tage geschwebt hatten. Sogleich wußte er auch, wer sie alle gerettet hatte. Doch so gelehrt er war und soviel er darüber nachdachte, konnte er sich dennoch niemals erklären, wie Eliahu dies gemacht hatte.

Die gute Mutter.

Ein Schebuothmärchen.

I.

Am frühen Morgen weckte die Mutter ihre beiden Kinder. „Auf, Dina! Auf, Nathan! Seid doch heute kleine Langschläfer. Abends geht Schebuoth ein!" Hei, wie rasch da die kleine Dina aus dem Bettchen sprang.

„Das ist lustig!" rief sie. „Du wirst sehen, Nathan, daß ich viel mehr Blumen finde als Du." Der etwas größere, dicke Nathan war ein wenig faul. Er reckte sich, gähnte und wollte sich zur Wand umdrehen, um nochmals einzuschlafen. „Auf, auf!" rief nun aber die kleine Dina. „Wenn Du nicht sogleich aufstehst, bringe ich allein so viel Blumen, daß man unsere Wohnung und das kleine Bethaus damit schmücken kann." Ein wenig schämte sich der faule Nathan nun doch. Langsam, ganz langsam kroch er aus dem Bett.

„Ach, wozu muß man Blumen suchen!" meinte er ärgerlich. „Das wirst Du wohl schon selbst wissen", sagte die Mutter. „Ja, ich weiß es", erwiderte Nathan. „Schebuoth ist das Fest, an dem die Erstlinge der Früchte, besonders aber die Erstlinge der Gerste im Tempel geopfert wurden. Wir aber haben hier um diese Zeit noch keine Früchte, sondern nur erst wenige Frühlingsblumen und da es auch keine Opfer mehr gibt, so schmücken wir das Haus mit Blumen. Nur, daß gerade ich die Blumen suchen soll, das ärgert mich."

Nun erwiderte die Mutter nichts mehr. Da erkannte Nathan, wie unartig er war, deshalb zog er sich nun viel rascher an, als es wohl sonst der Fall gewesen wäre. Dennoch dauerte es noch ziemlich lange, bis die beiden Kinder sich gewaschen, gebetet und gefrühstückt hatten. Dann aber ging es lustig in den nahen Wald.

Nathan blieb auf einer Waldwiese, wo es viele Blumen gab. Die kleine Dina aber lief kleine Anhöhen hinauf und in den Wassergräben hinunter, um besonders schöne Blumen zu finden. Einmal aber hatte sie nicht achtgegeben und stolperte über eine aus der Erde hervorragende Baumwurzel. Sie fiel nieder und zerkratzte sich an einer anderen Wurzel die Hand. Es gab wohl einige Tropfen Blut, aber ein so lustiges Mädchen, wie Dina es war, fängt wegen einer solchen Kleinigkeit nicht sogleich zu weinen an. Sie wischte sich das Blut mit dem Taschentuch ab und begann bald wieder Blumen zu pflücken.

II.

Dina und Nathan gingen während des Tages noch einige Male in den Garten und in den Wald und endlich hatten sie soviel Laub und Blumen gebracht, daß der Diener des Bethauses dieses aufs prächtigste schmücken konnte. Mancher Blumenstrauß für das Elternhaus der beiden Kinder blieb noch übrig. Obgleich aber die kleine Dina bei allem munter mithalf, so empfand sie doch immer größere Schmerzen in der rechten Hand, die mehr und mehr anschwoll. Als die Mutter dann merkte, wie sehr die Hand ihres Kindes verändert war, war sie sehr besorgt und machte der Kleinen kalte Umschläge. Allein alle Umschläge nützen nichts. Beim Abendmahl erkannte die Mutter, daß Dinas Köpfchen heiß und nicht nur die rechte Hand, sondern der ganze Unterarm geschwollen war.

„Kinder, Ihr werdet müde sein“, sagte sie. „Legt Euch doch schlafen.“ Nathan ließ sich das nicht zweimal sagen. Wenn man so dick ist, wird man beim Blumensuchen schrecklich müde. Bald lag er im Bett und schlief so fest, daß ihn kein Donner hätte wecken können. Dina aber, die doch so schnell aus dem Bett springen konnte, wäre noch gerne länger wach geblieben und nur, weil die Mutter sie sonst ausgezankt hätte, legte auch sie sich endlich nieder.

Nun blieb der Vater allein im großen Zimmer. Er saß beim Tisch und hatte ein dickes hebräisches Buch vor sich liegen. „Das will ich heute nachts vom Anfang bis zum Ende lesen“, dachte er. „Immer wieder werde ich aber durchs Fenster gucken. In der Schebuothnacht öffnet sich der Himmel und wer dies sieht und sich sogleich etwas wünscht, dem geht der Wunsch in Erfüllung. Oh, ich weiß sehr gut, was ich mir wünschen werde. Ich will sehr reich werden und alle hebräischen Bücher so gut verstehen wie kein anderer Mensch."

III.

Die Mutter saß besorgt beim Bette der kleinen Dina, denn diese konnte vor Schmerzen nicht die Augen schließen. Da begann die Mutter eine Geschichte zu erzählen. „Du weißt doch", sagte sie, „daß Schebuoth uns auch daran erinnert, daß Gott sich an diesem Tage auf dem Berge Sinai dem israelitischen Volke offenbart hat. Aber schon vorher hatten viele Berge gehört, was Gott tun wolle. Sie sehnten sich alle so sehr danach, daß auf ihnen das Wort Gottes ertönen möge, daß sie, die sonst durch Jahrtausende ruhig auf ihrem Fleck stehen, sich aus dem Boden rissen und alle in die Wüste liefen. „Nein", sagte aber Gott, „von Euch kann ich keinen wählen, denn auf jedem von Euch haben schon Heiden ihren Götzen Opfer gebracht. Nur der Berg Sinai ist noch unberührt, deshalb will ich mir keinen anderen wählen."

Doch so schön auch die Mutter erzählte, das kranke Mädchen lag teilnahmslos da und es war fast, als ob sie kein einziges Wort verstünde. Da wurde die Mutter ängstlich und sie lief schnell ins Nachbarhaus, wo der Arzt wohnte.

Als nun der Doktor kam, schüttelte er bedenklich den Kopf. „Es war schon höchste Zeit, mich zu holen, liebe Frau", sagte er. In die kleine Wunde der Hand muß Schmutz geraten sein und so ist eine Blutvergiftung entstanden. Eine Stunde später hätte ich der armen Kleinen den Arm abnehmen müssen, ja vielleicht wäre es mir dann gar nicht mehr möglich gewesen, sie vom Tode zu erretten. Nun aber ist nur eine kleine Operation. Der Doktor machte es so, daß es der armen Dina gar nicht wehe tat, als er sie schnitt.

IV.

Der Vater hatte von all dem nichts bemerkt. Er saß noch immer bei seinem dicken Buch und sah wieder und wieder zum Himmel empor. Plötzlich bemerkte er einen hellen Streifen am dunklen Himmelsgewölbe. „Jetzt öffnet sich der Himmel", dachte er jubelnd, „und ich werde tief, tief hineinsehen in eine Pracht, die wohl noch selten von einem Sterblichen gesehen worden ist." Und immer glänzender wurde der Streifen und bald strahlte er so wie tausend Sonnen. Da wurde das Auge des Mannes ganz geblendet und er mußte es abwenden.

Doch nein! Er wollte all seine Kraft zusammennehmen, wollte den größten Augenschmerz ertragen, nur um doch das Innere des Himmels zu erspähen. Als er nun wieder emporblickte, sah er nur noch einen rosig glänzenden Streifen, so wie er ihn vor dem tausendsonnigen Strahlen erblickt hatte. Da wurde der Vater traurig. Er hätte so glücklich werden können und nun hatte er in seiner dummen Sehnsucht, die Geheimnisse des Himmels zu gewahren, vergessen, sich rechtzeitig etwas zu wünschen. Er setzte sich nochmals nieder und las das begonnene Buch zu Ende.

Als er sich nun gegen Morgen noch ein wenig schlafen legen wollte, war er sehr erstaunt, im anderen Zimmer seine Frau noch wach zu finden. „Dein Gesicht strahlt ja vor Glück", sagte er. „Hast Du vielleicht auch den Himmel offen gesehen und Dir rechtzeitig was gewünscht. Ich habe leider den Wunsch versäumt."

„Nein", erwiderte die Mutter, „ich habe den Spalt des Himmels nicht erblickt, aber doch ist mein höchster Wunsch in Erfüllung gegangen, ein viel schönerer Wunsch als Du wohl einen ausgesprochen hättest. Du wärst höchstens sehr reich geworden und hättest alle hebräischen Bücher vortrefflich verstanden. Aber mein Wunsch war besser. Und nun bleibt unser Kind am Leben! Die kleine, liebe Dina wird wieder gesund!" Und als sie jetzt ihrem Mann alles erzählte, da freute er sich sehr, daß die Gefahr vorüber war. Auch er liebte sein Töchterchen sehr und deshalb war er jetzt viel glücklicher, als wenn er reich und gelehrt geworden wäre.

Tams Reise durch die jüdische Märchenwelt.

(Schluß.)

In seinem Vaterhaus hatte der kleine Tam die hebräische Sprache nicht zu erlernen vermocht, kaum aber hatte er Palästina betreten, da war es ihm, als könnte man in diesem Lande nicht anders reden als hebräisch und er sprach es sogleich schön und geläufig. Aber auch klüger war er geworden. In dem Lande, wo er früher gelebt hatte, hatte er nur Menschen und sehr selten Tiere reden hören, hier aber sprach auch jede Blume und jeder Stein zu ihm. Sie erzählten ihm viele alte und neue Geschichten und manche reichte sogar bis in die Tage der Schöpfung zurück.

Einmal war der Bauer Jehuda mit seiner ganzen Familie fortgegangen und Tam allein im Hause geblieben. Die Sonne lachte so hell ins Fenster hinein, das Ährenfeld und die Blumen nickten ihm freundlich zu, die vorbeifliegenden Vögel sangen wunderschön und als Tam dies alles bemerkte, litt es auch ihn nicht länger im Zimmer.

Fröhlich wanderte er zwischen wogenden Getreidefeldern und großen Weingärten dahin. Als er aber in der Ferne eine kleine Abteilung mit Gewehren bewaffneter jüdischer Flurwächter, Schomrim, reiten sah, welche die Felder der Juden vor Raub schützten, fiel es ihm plötzlich ein, daß er die Tür des Hauses unversperrt gelassen hatte. Da wurde er sehr besorgt, daß ein diebischer Araber sich dies zunutze machen und Jehudas Haus ausrauben könnte.

Sogleich drehte sich Tam um, um zurückzukehren. Aber wie erschrak er, als er nun plötzlich einen Mann in einem faltenreichen, wallenden Gewande vor sich sah, der so groß wie ein Turm war. Aber das Kleid bedeckte die Füße nicht ganz und so sah Tam, daß diese ungeheuren Hahnenfüße waren.

„Wo willst Du hin, kleiner Tam?" fragte der Riese mit dröhnender Stimme. „Nach Hause", erwiderte der erschrockene Junge. Da lachte der Riese häßlich.

„Du meinst nur das Haus des Bauern Jehuda", sagte er, „das ist doch nicht Dein Heim! Ich weiß aber sehr gut, daß Du Dich nicht dorthin, sondern nach Deinem Vaterhaus sehnst.

Als ich einst den Zauberring in die Hand bekam, mit dem mich König Salomo zwingen konnte, ihm Dienste zu leisten, schleuderte ich den verhaßten Schmuck weit fort in das Meer, aber auch Salomo schleuderte ich viele Meilen weit, denn ich wollte seine Gestalt annehmen und

selbst König sein. Soweit ich ihn auch warf, so tat ihm dies doch nicht weh. Er glitt nämlich ganz sachte zur Erde nieder. Wenn Du also willst, lieber Tam, so werfe ich Dich durch die Luft und Du sinkst wohlbehalten langsam in den Hof des Hauses, in welchem Du geboren bist. So kannst Du noch heute Deine Eltern und Deine Brüder wiedersehen."

„Nein, ich will von Dir nichts“, gab Tam zur Antwort, „denn ich weiß nun, daß Du Asmodai, der König der bösen Geister bist.“

„Das ist nur ein Geschwätz schlechter Menschen“, sagte nun Asmodai, „daß wir Geister böse sind. Leuten, die wir lieb haben, tun wir nur Gutes und wir helfen ihnen, wo wir nur helfen können. Nimm doch diese Goldkörnchen und bringe sie Deinem Vater mit. Wenn er sie einsetzt, so wachsen Äpfelbäume, welche goldene Früchte tragen, wie die Bäume, die Salomo einst gepflanzt hat.“ Und er reichte dem Knaben mehrere goldene Apfelkörner entgegen.

„Nein“, erwiderte aber der Kleine, „ich will von Dir nichts nehmen und will auch Deine Dienste nicht, wenn Du mir nicht den Zauberring gibst, mit dem man Dich beherrscht. So aber will ich nicht einmal mehr mit Dir sprechen, denn ich weiß, daß Du mir, wenn ich von Dir etwas nehme, sogleich Böses tun kannst.“

„Ah, Du bist ja schon sehr klug geworden“, rief nun Asmodai zornig. „Aber mit Klugen will ich nichts mehr zu tun haben! Als der weise König, der wie ein Bettler umherziehen mußte, nach drei Jahren im Bauch eines Fisches den Zauberring wiederfand, kam er zu mir ins Schloß, berührte mich mit dem Ring und ich mußte verschwinden. Und viele Jahre hindurch zwang er mich dann, ihm schwerer als der niederste Knecht zu dienen! Nein, ich mag von den Klugen nichts mehr wissen!“

Zornig fuhr er dabei mit seinen großen Händen über die Weinpflanzen und verschwand. Welchen Weinstock er aber berührt hatte, dessen Blätter wurden gelb und die Beeren hart und runzelig. Der zitternde Knabe eilte nun, so sehr er konnte, dem Hause Jehudas zu. Wie erschrak er aber von neuem, als er sah, daß sich eine giftige Schlange um die Türschnalle gewickelt hatte. Ängstlich und vorsichtig trat er näher. Doch da löste sich die Schlange und bald war sie in einem Erdloch verschwunden. Tam erkannte nun, daß die Schlange nur das unversperrte Haus hatte behüten wollen.

Als er ins Zimmer trat, tat es ihm leid, daß sein Spaziergang in der duftigen Sommerluft so kurz gewesen. Er ging aber nicht mehr fort, sondern öffnete nur das Fenster. Dann aber setzte er sich nieder und schrieb einen Brief, denn er sehnte sich wirklich sehr nach seinen Eltern und Geschwistern.

Kaum hatte er den Brief geschlossen, da kam ein Täubchen und trug ihn fort. Es flog über das weite Meer und übergab bei dem hohen Gebirge den Brief der alten Freundin des kleinen Tam, die damals den Wurm Schamir gebracht hatte.

Vater und Mutter saßen eben traurig beisammen und dachten nach, wohin ihr liebster Bub geraten sein könnte, da fiel plötzlich ein Brieflein durchs Fenster. Wie freute sich nun die ganz Familie darüber, daß Tam sich gesund in Palästina befand und es ihm dort so gut gefiel. Sogleich schickte der Vater dem Bauer Jehuda Geld, dieser möge für ihn ein Häuschen und Felder kaufen, damit auch er nach Palästina kommen könne.

Chacham, Tams ältester Bruder, der sehr klug war, sagte aber: „Jetzt gehe ich noch nicht in unser Land. Es gehört allen Juden und ich will trachten, daß alle Juden hinziehen. Dann will ich mit ihnen kommen."

„Auch ich ziehe nicht nach Palästina", sagte der zweite Bruder, Rascha, der ein sehr böser Mensch war, „was geht mich Euer Land an. Mir geht es hier auch sehr gut und um die anderen Juden will ich mich nicht kümmern."

Der dritte Bruder war aber noch so klein, daß er noch nicht ordentlich zu reden und noch nicht zu fragen verstand. Er klatschte lustig in die Hände, als er sah, daß alles verpackt wurde und freute sich sehr auf die weite Fahrt.

Das war ein Jubel, als Tam, seine Eltern und sein kleiner Bruder sich in Palästina wiedersahen! Tam führte seine Angehörigen in das nette Häuschen, das der Bauer Jehuda für sie gekauft hatte. Dort öffnete der Vater ein Kistchen, welches er in der Hand trug und heraus flog der schöne Haushahn, der einst seinem Freunde Tam den Weg nach Palästina gezeigt hatte. Er setzte sich dem Knaben auf die Schulter und schrie zur Begrüßung ein lautes „Kikeriki".

Nun lebte Tam glücklich in seiner Familie und schon nach einem Jahr kam auch sein kluger Bruder Chacham. Er brachte freilich nicht wie er gehofft hatte, alle Juden mit, aber doch kamen mehrere hundert junge Männer mit ihm. Sie bauten sich Häuser und die neue Stadt wurde die Stadt der Weisheit genannt. Nirgends leben die Mensch so glücklich wie dort.

Von dem bösen Rascha konnten aber Vater, Mutter und Geschwister nie etwas erfahren. So oft sie ihm auch schrieben, niemals sandte er ihnen eine Antwort, denn er wollte von seiner Familie in Palästina nichts wissen. Auch wir haben nie etwas von ihm gehört, aber obwohl er ein böser Mensch ist, wollen wir ihm nicht böse sein und wünschen, daß es auch ihm gut gehe.

Siegfried Abeles
Die Fotografie ist vermutlich 1915 entstanden.
Abdruck mit freundlicher Genehmigung von Karin Maria Abeles.

Sigfried Abeles' zionistische Wirklichkeitsmärchen aus dem Geist der jüdischen Tradition

Von Gabriele von Glasenapp

Seit der Romantik zählen Märchen zu den bekanntesten literarischen Gattungen; fast jedes Kind erfährt seine literarische Sozialisation durch das Erzählen, Vorlesen oder die Lektüre von Märchen, sei es in der Familie und oder im schulischen Kontext. Diese Tatsache lässt vergessen, dass unter Märchen nahezu ausschließlich die *Kinder- und Hausmärchen* der Brüder Grimm verstanden werden, vielleicht noch die *Märchen aus Tausendundeiner Nacht* oder die Märchenerzählungen von Hans Christian Andersen. Weitaus weniger präsent im Bewusstsein ist das Vorhandensein von Märchen aus anderen Kulturkreisen, entweder, weil sie nie übersetzt wurden oder aber, weil sie in Vergessenheit geraten sind. Zu diesen in Vergessenheit geratenen Märchen zählen auch die jüdischen Märchen in deutscher Sprache, Texte, die im 19. und frühen 20. Jahrhundert von jüdischen Autorinnen und Autoren für jüdische Kinder verfasst worden sind.[1] Sie sind ein wichtiger Bestandteil der seit dem letzten Drittel des 18. Jahrhunderts in Deutschland erscheinenden jüdischen Kinder- und Jugendliteratur, die durch den Nationalsozialismus Ende der 1930er-Jahre ein abruptes Ende fand und der Vergessenheit anheim fiel. Erst zwei Generationen später, in den 1990er-Jahren, hat die Forschung damit begonnen, sich der jüdischen Kinder- und Jugendliteratur zuzuwenden und ihre Gattungen, Werke und Autorinnen wie Autoren der Öffentlichkeit wieder zugänglich zu machen.[2]

1 Vgl. dazu Dingelmaier, Theresia: Das Märchen vom Märchen. Eine kultur- und literaturwissenschaftliche Untersuchung des deutschsprachigen jüdischen Volks- und Kindermärchens. Göttingen: V&R unipress 2019.

2 Erste Informationen bieten Shavit, Zohar/Ewers, Hans-Heino: Deutsch-jüdische Kinder- und Jugendliteratur von der Haskala bis 1945. Die deutsch- und hebräischsprachigen Schriften des deutschsprachigen Raums. Ein

Zu diesen Werken, die durch den Nationalsozialismus in Vergessenheit geraten sind und durch die vorliegende Neuausgabe wieder ins Bewusstsein gerückt werden soll, zählt auch die Märchensammlung *Tams Reise durch die jüdische Märchenwelt* des Wiener Pädagogen, Lehrers und Schriftstellers Siegfried Abeles (1884-1937). Es ist das erste literarische Werk von Abeles, drei Jahre später folgte die Anthologie *Das lustige Buch fürs jüdische Kind* (1926) mit Illustrationen von Willy Braun (geb. 1893 in Breslau), zuletzt erschien 1930 *Durch Welt und Zeit. Jüdisches Jugendbuch* mit Illustrationen von Henny (Henriette) Friedek (geb. 1900).

Zur Biografie Siegfried Abeles

Wer war Siegfried Abeles?[3] Die wichtigsten Informationen über ihn entstammen vermutlich eigenen Auskünften, die er Mitte der 1920er-Jahre dem jüdischen Lexikographen Salomon Wininger für dessen biografisches Nachschlagewerk *Große Jüdische National Biographie* hatte zukommen lassen.[4] Danach wurde Abeles 1884 in Wien geboren, wuchs jedoch im mährischen Nikolsburg auf und kehrte

bibliographisches Handbuch. Stuttgart, Weimar: Metzler 1996; Glasenapp, Gabriele von/Nagel, Michael: Das jüdische Jugendbuch. Von der Aufklärung bis zum Dritten Reich. Stuttgart, Weimar: Metzler 1996; Völpel, Annegret/Shavit, Zohar: Deutsch-jüdische Kinder- und Jugendliteratur. Ein literaturgeschichtlicher Grundriß. Stuttgart, Weimar: Metzler 2002.

3 Zu Leben und Werk vgl. von Glasenapp, Gabriele: „Für die jüdische Jugendliteratur neue Wege gehen". Die Märchenerzählungen des österreichischen Kinderbuchautors Siegfried Abeles. In: Mairbäurl, Gunda/Blumesberger, Susanne/Ewers, Hans-Heino/Rohrwasser, Michael (Hg.): Kindheit, Kindheitsliteratur, Kinderliteratur. Studien zur Geschichte der österreichischen Literatur. Festschrift für Ernst Seibert. Wien: Praesens 2010, S. 112-113.

4 Wininger, S[alomon]: Große Jüdische National-Biographie. Ein Nachschlagewerk für das jüdische Volk und seine Freunde. Bd. 1. Cernauti: o. Vlg. [1925], S. 10-11.

wahrscheinlich kurz nach der Jahrhundertwende allein oder mit seiner Familie nach Wien zurück. In den Jahren nach 1902 sind erste kleinere Beiträge von ihm in der Wiener Schülerzeitung *Gaudeamus. Blätter und Bilder für die studierende Jugend* nachgewiesen, seit 1910 ist er als Lehrer in Wien tätig, zunächst an einer jüdischen Schule für geistig behinderte Kinder. Während des Krieges arbeitet er als Lehrer in einem Heim für Kriegsblinde und publiziert im Zuge dieser Arbeit mehrere Aufsätze über hebräische Blindenschriftsysteme. Ein 1919 im Wiener Komödienhaus aufgeführtes Theaterstück mit dem Titel *Lebenswille* hat sich offenbar nicht erhalten. Im gleichen Jahr wird Abeles Inspektor der Heimstätten und Kindergärten des Vereins „Jüdische Kinderfreunde“ und publiziert im Zuge dieser Tätigkeit zahlreiche Aufsätze über pädagogische und soziale Fragen in der zionistisch ausgerichteten *Wiener Morgenzeitung*. 1923 wird er Mitarbeiter der Zeitschrift *Menorah. Jüdisches Familienblatt für Wissenschaft, Kunst und Literatur*, deren Kinderseiten er, zum Teil unter dem Pseudonym Onkel Ben Nathan, gestaltet. Ein letztes größeres Projekt ist für das Jahr 1933 nachweisbar, als in Wien das Periodikum *Benjamin. Zeitung für das jüdische Kind* erscheint, bei dem Abeles als Herausgeber und Verleger fungiert, ein Journal, das allerdings nach zwei Ausgaben noch im selben Jahr sein Erscheinen wieder einstellen muss.

Über Abeles' privates Leben gibt Jahrzehnte später sein 1923 geborener Sohn Norbert Auskunft, der selbst 1938 mit einem Kindertransport nach England entkommen konnte, während seine Mutter Sabine Griffels, Siegfried Abeles' Witwe, im Mai 1942 nach Weißrussland deportiert und dort ermordet wird.[5]

Ein sehr knapp gehaltener Nachruf auf Abeles[6] geht lediglich auf seine berufliche Tätigkeit ein, wonach er als Beauftragter der Wiener Israelitischen Kultusgemeinde für die Belange der deutsch-jüdischen

5 Abeles, Norbert: Lebensrettender Kindertransport. In: Krist, Martin / Lichtblau, Albert: Nationalsozialismus in Wien. Opfer . Täter . Gegner. Innsbruck, Wien, Bozen: StudienVerlag 2017, S. 271-272.

6 In: Die Wahrheit. Jüdische Wochenschrift (Wien) 53 (1937), Nr. 27, S. 8.

Emigranten sowie der Staatenlosen tätig war, die nach der Machtübertragung 1933 in zunehmend größerer Zahl nach Österreich gelangten. Im Alter von nur 53 Jahren kommt Siegfried Abeles am 1. Juli 1937 in Wien durch Selbstmord ums Leben.

Deutlich wird, dass lediglich Eckdaten über Abeles' Leben und Werk vorhanden sind. Immerhin gibt es Hinweise auf Abeles' pädagogische Arbeit mit jüdischen Kindern, die eine mögliche Voraussetzung für seine spätere kinderliterarische Tätigkeit bildet. Sehr viel weniger bekannt ist über Abeles' innerjüdische Orientierung. Seine journalistischen Veröffentlichungen geben darüber ebenfalls keine explizite Auskunft, wohl aber die Periodika, in denen sie erschienen sind: die bereits erwähnte *Wiener Morgenzeitung*, die ebenfalls in Wien erscheinende Zeitschrift *Die Wahrheit*, die Kultur- und Familienzeitschrift *Menorah*, der *Jüdische Nationalkalender*. Es handelt sich dabei ausnahmslos um jüdische, (kultur)zionistisch ausgerichtete Zeitschriften, sodass aus diesen Gründen von einer eindeutigen Nähe Abeles' zu dieser Bewegung ausgegangen werden kann. Dafür spricht auch, dass in allen Periodika, in denen Beiträge von Siegfried Abeles nachweisbar sind, der prominente zionistische Journalist Otto Abeles (1879-1945) eine entscheidende Rolle als Mitarbeiter, Redakteur oder Herausgeber spielte. Es lässt sich heute nicht mehr nachvollziehen, ob zwischen Siegfried und Otto Abeles tatsächlich eine verwandtschaftliche Beziehung bestand oder es sich um eine zufällige Namensgleichheit handelte; es scheint jedoch offensichtlich, dass der sehr erfolgreiche Publizist Otto Abeles seinem jüngeren Namensvetter publizistisch eine gewisse Protektion angedeihen ließ.

Lektüreangebote zur Stärkung jüdischer Identität

Sehr viel konkreter lässt sich die Hinwendung von Siegfried Abeles zur Kinderliteratur nachvollziehen und belegen. Sie steht in unmittelbarem Zusammenhang mit den sich Anfang des 20. Jahrhunderts verstärkenden Debatten unter jüdischen Pädagogen, jüdischen Kindern und

Jugendlichen Lektüreangebote zu machen, die dazu dienen sollten, die jüdische Identität der jungen Leser zu stärken und sie gleichzeitig von der Lektüre nichtjüdischer Werke möglichst fernzuhalten. Zur Schaffung dieser neuen jüdischen Kinder- und Jugendliteratur wurden von jüdischen Organisationen Preisausschreiben initiiert, um präsumtive Autorinnen und Autoren zur Produktion geeigneter Werke anzuregen, ein Vorhaben, das in Österreich anders als in Deutschland allerdings erst nach Ende des Ersten Weltkriegs in die Tat umgesetzt wurde. Im April 1920 veröffentlichte die in Wien erscheinende *Freie Jüdische Lehrerstimme*, das Verbandsorgan des Österreichisch-Israelitischen Religionslehrerbundes, folgende Anzeige:

> „Angesichts der allgemein anerkannten dringenden Notwendigkeit, dem jüdischen Kind eine Lektüre zu bieten, die zu seinem Herzen sprechen, seinem kindlichen Gemüte leicht verständlich sein und in ihm schon frühzeitig die Liebe zu seinem Volk erwecken soll, ihm ein wahres Bild echt jüdischen Lebens biete, sieht sich das Kulturamt des Jüdischen Hochschulausschusses in Wien in Erwägung des Umstandes, daß auf diesem Gebiete bisher noch nichts Ersprießliches geleistet worden ist, zu einem Preisausschreiben veranlaßt. Alle diejenigen, die vielleicht jüdische Kindermärchen verfaßt haben oder die Fähigkeit in sich verspüren, solche zu dichten, werden um die Einsendung an das Kulturamt des Jüdischen Hochschulausschusses ersucht […].“[7]

Ein knappes Jahr später, im März 1921, war dann in der *Wiener Morgenzeitung* zu lesen:

> „Auf den im vorigen Jahr erfolgten Aufruf sind mehrere jüdische Märchen eingelaufen, darunter auch eine geschlossene Märchensammlung des in pädagogischen Kreisen längst gewürdigten Herrn

7 Freie jüdische Lehrerstimme 9 (1920), S. 42.

> Siegfried Abeles, der seine eingereichten Märchen bereits mit großem Erfolg in jüdischen Kinderheimen vorgetragen hat. Die Jury hat von den eingereichten Märchen bloß die Sammlung des Herrn Abeles für preiswert anerkannt."[8]

Es waren die für das Preisausschreiben eingereichten Märchen, die schließlich den ‚Grundstock' für die ein Jahr später im Breslauer Verlag von Jakob B. Brandeis erscheinende Sammlung *Tams Reise durch die jüdische Märchenwelt. Fünfundzwanzig Kindermärchen nach jüdisch-volkstümlichen Motiven* bildeten.[9]

Förderung der kindlichen Einwicklung durch Märchen

Dabei kann der Entstehungskontext wie auch die Veröffentlichung selbst als durchaus wegweisend angesehen werden. Wegweisend deshalb, da die Gattung Märchen bis zum Beginn des 20. Jahrhunderts innerhalb der deutsch-jüdischen Literatur eine nicht existente Gattung war, deren erste zaghafte Anfänge innerhalb der jüdischen Kinder- und Jugendliteratur nach der Jahrhundertwende unter den jüdischen Pädagogen heftige Debatten ausgelöst hatten.[10]

Die Gründe für diese ablehnende Haltung sind vielfältig: Märchen, so wurde argumentiert, widersprachen mit ihren non-realistischen Elementen den von jüdischer Seite verinnerlichten rationalen Prinzipien der Aufklärung. Das Märchen als Gattung war eindeutig mit der Epoche der Romantik verknüpft, deren wichtigste Vertreter sich oftmals durch eine offen antijüdische Haltung ausgezeichneten und

8 Wiener Morgenzeitung 3 (1921), Nr. 772, S. 9. (Siehe auch S. 143.)

9 Abeles, Siegfried: Tams Reise durch die jüdische Märchenwelt. Fünfundzwanzig Kindermärchen nach jüdisch-volkstümlichen Motiven. Mit Illustrationen von F. V[ictor] Kosak. Breslau: Jakob. B. Brandeis 1922.

10 Eine Nachzeichnung dieser Debatten findet sich in Glasenapp/Nagel: Das jüdische Jugendbuch (wie Anm. 2), S. 106-108; vgl. ausführlicher Dingelmaier: Das Märchen vom Märchen (wie Anm. 1), S. 227-244.

dadurch viel dazu beigetragen hatten, Juden und jüdische Literatur mit dem Stigma des Fremden oder stärker noch: des Nichtdeutschen zu behaften.

Doch es gab auch jüdische Stimmen, die dem literaturpädagogischen Kurs der Zeit folgend, Märchen und Sagen einen wichtigen Platz innerhalb der Entwicklung des Kindes einräumten und sich daher dezidiert für eine verstärkte Publikation von Märchen einsetzten. So erschienen seit den 1920er-Jahren jüdische Märchen in einem bislang nicht gekannten Variationsreichtum. Obwohl die Verfasserinnen und Verfasser allen innerjüdischen Strömungen zuzurechnen sind, kann kein Zweifel daran bestehen, dass Autoren zionistischer Ausrichtung hier eine Vorreiterrolle einnehmen, nicht zuletzt aus dem Grund, dass die in Deutschland wie Österreich noch junge Bewegung, die bei der Mehrheit der hier lebenden Juden keineswegs auf Akzeptanz stieß, am stärksten darum bemüht sein musste, Kindern und Jugendlichen in ihrem Sinne adäquate literarische Angebote zur Verfügung zu stellen.

Fünfundzwanzig Kindermärchen nach jüdisch-volkstümlichen Motiven

In diesem literaturgeschichtlichen Kontext kann Abeles' erstes kinderliterarisches Werk daher als ebenso zeittypisch wie modern gelten. Hervorzuheben ist zunächst, dass das Werk mit Illustrationen versehen ist, was in den 1920er-Jahren innerhalb der jüdischen Kinder- und Jugendliteratur noch keine Selbstverständlichkeit darstellt, hier aber eindeutig dazu dienen soll, die Attraktivität des Werkes vor allem für die jüngeren Leserinnen und Leser entscheidend zu steigern. Die Illustrationen auf dem Cover sowie im Text stammen von dem in Wien lebenden polnischen Künstler F. Victor Kosak (1887-1968) und weisen eine starke Orientierung an einer jüdischen Ausrichtung des Jugendstils auf, wie er seit der Jahrhundertwende durch den jüdischen Illustrator Ephraim Moses Lilien (1874-1925) populär geworden war.

Cover der Ausgabe von 1922
mit der Titelzeichnung von Victor Kosak.

Bereits durch Titel – „Tams Reise durch die jüdische Märchenwelt" – und Untertitel – „Fünfundzwanzig Kindermärchen nach jüdisch-volkstümlichen Motiven" – hebt das Werk nicht nur seine Gattungsbezeichnung, sondern auch seine Zugehörigkeit zur jüdischen Kinderliteratur deutlich hervor und zwar in beiden Fällen durch die Verwendung des Adjektivs ‚jüdisch', sodass auch über die intendierten Leserinnen und Leser keinerlei Zweifel bestehen konnte.

Formal ist Abeles' Werk durch innovative wie traditionelle Elemente gleichermaßen geprägt. Bereits der Untertitel weist es als eine Märchensammlung aus, tatsächlich jedoch handelt es sich eher um einen Märchenzyklus mit Rahmen- und Binnenhandlung.[11]

Am Vorabend des Pessachfests

Schon die Rahmenhandlung trägt trotz des realistischen Settings einen märchenhaften bzw. parabolischen Charakter: Am Sederabend, d. h. am Vorabend des Pessachfests, erscheint ein fremder Gast bei der Familie des kleinen Tam, die aus ihm selbst, den namenlosen Eltern sowie insgesamt vier Brüdern besteht, von denen drei sprechende hebräische Namen tragen: der älteste Chacham (Weisheit), der zweite Rascha (Sünder bzw. Bösewicht), Tam (Ungebildeter, Einfältiger) und der ebenfalls namenlose Jüngste. Der Fremde (bei dem es sich in Wahrheit um den Propheten Elijah handelt[12]) erzählt von der Bibel und vom Land Palästina und bereits jetzt verhalten sich die Kinder ihrem Namen gemäß: Chacham stellt kluge Fragen, Rascha findet alles langweilig und will nicht länger zuhören, Tam ist tief beeindruckt von den Erzählungen des Fremden, ohne alles zu verstehen.

11 Vgl. dazu Dingelmaier (wie Anm. 1), S. 352-355.

12 Die Figur des Propheten Elijah spielt im Verlauf des Sederabends eine zentrale Rolle; so wird für ihn immer ein Gedeck aufgelegt und ein Becher Wein bereit gestellt.

Am nächsten Tag ist der Fremde verschwunden.[13] Tam aber bricht auf, um das wunderbare Land „unserer Väter"[14] zu finden, von dem der Fremde erzählt hat, was ihm mit der Hilfe von sprechenden Tieren und fliegenden Teppichen am Ende auch gelingt. Bereits auf dieser Reise erfährt Tam durch seine Helfer vieles aus der biblischen Geschichte des jüdischen Volkes. Seine Kenntnisse vertiefen sich, als er die Bekanntschaft eines Bewohners von Palästina macht, bezeichnenderweise ist es kein Gelehrter, sondern ein Bauer, bei dem Tam schließlich bleibt und der ihm vierundzwanzig Geschichten erzählt: zwölf „Märchen, die der Bauer Jehuda beim Lesen der Bibel gesehen hat", vier „Märchen, die der Bauer Jehuda im alltäglichen Leben gesehen hat" und acht „Märchen, die der Bauer Jehuda in Festtagen gesehen hat".[15]

Zionistische Märchen in traditionellem Gewand

Auffällig an den Geschichten ist, dass es sich hierbei streng genommen nicht um Märchen im üblichen Sinn handelt, sondern um biblische Geschichten sowie um Beispielerzählungen aus dem Alltag sowie zu den jüdischen Festtagen, d.h. Abeles konterkarierte die ‚Modernität' der Gattung Märchen, (innerhalb der jüdischen Kinderliteratur) indem

13 Die Namen der Kinder lassen sie als allegorisierte Figuren erscheinen, denn sie entsprechen dadurch den vier Typen von Kindern in der Hagada, die der Figur des Vaters die entscheidenden (qua Ritual festgelegten) Fragen stellen: dem klugen Kind, das nach der religiösen Bedeutung des Festes fragt, dem abweisenden Kind, das sich durch nur widerwillig und unwirsch gestellte Fragen auszeichnet, das einfältige Kind, das nur nach den äußeren Dingen fragt, und dem ganz kleinen Kind, das noch gar nicht angemessen fragen kann. Die Antworten des Vaters wiederum müssen dem Verhalten, aber auch dem Entwicklungsstand des jeweils fragenden Kindes entsprechen.

14 Abeles: Tams Reise (wie Anm. 9), S. 13.

15 Abeles: Tams Reise (wie Anm. 9), S. 17-43 , 45-64, 67-95.

er sie in traditionellen, d.h. in etablierten und innerhalb der jüdischen Literaturgeschichte seit langem kanonisierten Formen präsentierte: der biblischen Geschichte sowie der Beispielgeschichte – literarischen Formen zudem, die auch in der jüdischen Kinder- und Jugendliteratur eine bedeutende Rolle gespielt hatten.

Diese traditionellen Formen werden nun – so zeigt es die Erzählung – sowohl für die Gegenwart wie auch für die Zukunft nutzbar gemacht. So erfährt der Protagonist (und mit ihm die kindlichen Leserinnen und Leser) die Grundzüge jüdisch gelebten Lebens, und nach dem Anhören aller Geschichten hat Tam nicht nur die für das Leben in Palästina notwendige hebräische Sprache gelernt, sondern er trifft auch die Entscheidung, seine Familie ebenfalls nach Palästina zu holen. Ohne zu zögern, leistet ihm die Familie Folge, bis auf Rascha, „der ein sehr böser Mensch war" und der erklärt: „Was geht mich Euer Land an. Mir geht es hier auch sehr gut und um die anderen Juden will ich mich nicht kümmern." Und auch Chacham folgt Tams Ruf nicht sogleich, denn: „Jetzt gehe ich noch nicht in unser Land. Es gehört allen Juden und ich will trachten, daß alle Juden hinziehen. Dann will ich mit ihnen kommen."[16]

Zionistisches Gedankengut, das jedoch in ein märchenhaftes Umfeld eingebettet ist, und jüdische Tradition bilden auf diese Weise eine unauflösliche Einheit, der parabolische Charakter der Rahmenerzählung verleiht ihr einen polyvalenten Charakter, der auch eine Nichtwahrnehmung der zionistisch geprägten Botschaft durchaus gestattet und damit auch eine Lektüre durch Leserinnen und Leser, die der zionistischen Bewegung nicht nahestanden.

Verweise auf „Tausend und eine Nacht", Hauffs Märchen und Herzls utopischen Roman

In der Form der Rahmen- und Binnenhandlung griff Abeles dabei auf bekannte nichtjüdische Märchenvorbilder zurück, darunter auf die von

16 Abeles: Tams Reise (wie Anm. 9), S. 98.

dem jüdischen Orientalisten Gustav Weil veröffentlichte Edition *Tausend und eine Nacht. Arabische Erzählungen* (1865) sowie die Anfang des 19. Jahrhunderts entstandenen Märchenzyklen von Wilhelm Hauff. Anders als dort spielen in Abeles' Märchenerzählungen – und zwar nicht nur in der Rahmenhandlung – kindliche Figuren eine große Rolle und hier vor allem in den vier „Märchen, die der Bauer Jehuda im alltäglichen Leben gesehen hat" sowie in den acht „Märchen, die der Bauer Jehuda in Festtagen gesehen hat". Dass es sich hierbei wie bei den der Bibel entlehnten Märchen jeweils um zwölf Erzählungen handelt, eine Zahl die auch in ihrer Verdoppelung unübersehbar auf die zwölf Stämme Israels verweist, sei hier nur am Rande erwähnt.

Auch bei der Verbindung zwischen Rahmen- und Binnenhandlung griff Abeles wiederum auf nichtjüdische Vorbilder zurück, darunter wiederum vor allem auf die orientalisierenden Erzählungen in Wilhelm Hauffs *Märchen-Almanach auf das Jahr 1826 für Söhne und Töchter gebildeter Stände* (1825). In dem dort veröffentlichten Märchenzyklus *Die Karawane* kommt wie bei Abeles dem Motiv der Reise eine entscheidende Bedeutung zu. Bei Hauff ‚reisen' die Kaufleute der Karawane durch eine namenlose Wüste, abends am Feuer erzählen sie sich märchenhafte Geschichten. Bei Abeles ist es Tam, dessen Reise selbst bereits märchenhafte Züge trägt: Mit einem fliegenden Teppich (den Abeles eindeutig Weils Edition von *Tausend und eine Nacht* entnommen hatte) reist er von seiner namenlosen Herkunftswelt in das Land seiner Väter, nach Palästina, d.h. die Reise verbindet gleich mehrere Welten miteinander: eine zwar geographisch nicht referentialisierbare, aber dennoch im weitesten Sinne ‚realistische' mit einer märchenhaften, eine nicht näher spezifizierte, vermutlich aber eher nichtjüdische mit einer genuin jüdischen Welt.

Zugleich handelt es sich bei dieser Reise durch die jüdische[n] Märchenwelt[n] um eine Reise in eine ‚alt-neue' Welt, so wie es Theodor Herzl bereits 1902 in seinem utopischen Roman „Altneuland" formuliert hatte; auch für Tam offenbart sich Palästina nicht nur als Wiege jeglicher jüdischen Literatur, sondern auch als neue und zugleich alte Heimat aller Juden. Diese Auffassung wiederum lässt den Zionismus als einzig legitimen Nachfolger des traditionellen Judentums erscheinen. Wie stark Abeles auf Herzls Roman rekurrierte, lässt sich nicht nur an Struktur und Inhalt seiner Märchensammlung ablesen, sondern auch an dem von Herzl gewählten berühmten Motto seines Romans: „Wenn ihr wollt, ist es kein Märchen", d. h. es liegt an den Akteuren und Lesern, der Utopie bzw. dem Märchen „die Wirklichkeit zu erteilen". Analog dazu sollen auch Abeles' Märchenerzählungen ungeachtet ihres märchenhaften Charakters unübersehbar auf eine mit aller Kraft anzustrebende Wirklichkeit verweisen.

Akkulturation erscheint als Epoche der Vergangenheit

So lernen die kindlichen Leserinnen und Leser aus den alten jüdischen Märchen-Werken, dass die Zukunft für sie wie für alle Juden nur in Palästina liegen kann. Für Abeles wie für die österreichischen Zionisten der Zwischenkriegszeit erscheint damit die Epoche der Akkulturation nur als eine vorübergehende Epoche, die nicht mehr von langer Dauer sein wird. Jüdische Vergangenheit und zionistische Zukunft verbinden sich auf diese Weise in Abeles' Märchenzyklus zu einer untrennbaren Einheit. Es ist nicht zuletzt diese Gestaltung des Modernen auf der Basis des Alten, von Abeles in seinem Märchenzyklus mit einer Vielzahl von Bildern immer wieder aufs Neue erzählt, die auf entscheidende Weise zum innovativen und indirekt vielleicht auch zum politischen Charakter dieser Sammlung beigetragen hat.

Editorische Notiz

Im Jahr 1920 hatte der damals 36-jährige Siegfried Abeles an einem Preisausschreiben, das vom Kulturamt des Jüdischen Hochschulausschusses in Wien initiiert worden war, teilgenommen und, wie ein Jahr später bekannt gegeben wurde, gleich alle gewonnen Preise für die Märchen *Der lahme Josef*, *Das Schrätlein* und *Mordechai lebt* gewonnen.

Preisgekrönte jüdische Märchen.

In Würdigung der Wichtigkeit der Märchen für die Erziehung des Kindes und in Erkenntnis des Umstandes, daß dem jüdischen Kinde nur Märchen aus fremden Kulturkreisen geboten werden müssen, sah sich das Kulturamt des Jüdischen Hochschulausschusses, um einem vielfach ausgesprochenen Wunsche jüdischer Erzieher nachzukommen, veranlaßt, ein Preisausschreiben für jüdische Märchen zu erlassen. Auf den im vorigen Jahr erfolgten Aufruf sind mehrere jüdische Märchen eingelaufen, darunter auch eine geschlossene Märchensammlung des in pädagogischen Kreisen längst gewürdigten Herrn Siegfried Abeles, der seine eingereichten Märchen bereits mit großem Erfolg in jüdischen Kinderheimen vorgetragen hat. Die Jury hat von den eingereichten Märchen bloß die Sammlung des Herrn Abeles für preiswert anerkannt und folgende Märchen preisgekrönt: „Der lahme Josef" mit dem 1. Preis von 1000 Kronen, „Das Schrätlein" mit dem 2. Preis von 600 Kronen, „Mordechai lebt" mit dem 3. Preis von 400 Kronen.

Weiterhin wurde Fräulein Nata Schneider (Teplitz-Schönau) die Anerkennung ausgesprochen.

Ausschnitt aus der „Wiener Morgenzeitung" vom 20.3.1921, S. 9.

Wahrscheinlich ist es die erwähnte „geschlossene Märchensammlung", die ein Jahr später mit den drei preisgekrönten Märchen in einem Breslauer Verlag veröffentlicht werden. Der Verlag mit angegliederter Buchhandlung war im Jahr 1880 in Prag von dem Journalisten Jakob B. Brandeis[1] gegründet worden der zu diesem Zeitpunkt bereits eine Druckerei leitete. Brandeis veröffentlichte Gebetsbücher in hebräischer sowie Belletristik und Sachbücher zu jüdischen Themen zumeist in deutscher Sprache. Im Jahr 1899 hatte er eine Niederlassung des Verlags in Breslau eröffnet. Als

1 Siehe www.jewishmuseum.cz/predmet-mesice/146/150/ANNIVERSARY-The-Prague-publisher-Jakob-B-Brandeis, abgerufen am 16.1.2022.

Brandeis im Jahr 1912 starb übernahm sein Sohn, Richard Brandeis, die Leitung des Verlags. In der Breslauer Niederlassung erschien 1922 „Tams Reise durch die jüdische Märchenwelt".

Es wurden 3.000 Exemplaren gedruckt, wie auf der nicht paginierten Seite 4 der Ausgabe vermerkt ist. Das Buch hat einen Umfang von 100 Seiten plus Vorsatz, ist in Halbleinen im Format Großoktav (24,5 x 19 cm) mit Rückendrahtheftung gebunden und wiegt 518 g.

Das für die Neuedition verwendete Exemplar wurde in Halle beim Antiquariat J. Reinhardt erworben. Auf einschlägigen Seiten im Internet werden derzeit nur wenige Exemplare angeboten zu Preisen von 70 bis 400 Euro. Das Exemplar, das für die Erfassung von Text und Illustrationen verwendet wurde, war wegen deutlicher Gebrauchsspuren, beriebener Ecken, brüchigem Papier und Wasserflecken allerdings günstiger.

Von der orientalisierenden Stadt zur modernen Metropole

Das Cover der Erstausgabe (siehe Seite 136) zeigt auf der Vorderseite die Illustration zur Rahmengeschichte: Tam schwebt auf einem fliegenden Teppich hoch oben, von einer zarten Wolkenlinie umfasst. Unter ihm sind die Linie einer Bergkette sowie eine in orientalisierendem Stil gezeichnete Stadt zu sehen, davor ein Fluss. Gefasst wird die Illustration von einem ornamentalen, breiten Rahmen, in dem der Buchtitel oben sowie unten die Namen von Verfasser und Illustrator platziert sind.

Für das Cover der Neuedition war der leitende Gedanke, das Cover der Erstausgabe weitgehend zu bewahren und zugleich zu aktualisieren. In einem längeren Prozess entwickelten Grafiker und Herausgeber die nun umgesetzte Idee: Das Cover erstreckt sich von der Vorder- bis auf die Rückseite und erstrahlt in kontrastreichen Farben von tiefblau bis leuchtendgelb. Auf der Vorderseite schwebt Tam – größer skaliert – verträumt auf seinem fliegenden Teppich unter einem nächtlichen Sternenhimmel, vor teils verschatteten Bergen über der modifizierten Stadt und dem nun blaugrünen Fluss. Die Grafik ist nicht mehr durch einen Rahmen begrenzt, sondern zieht sich über den Buchrücken auf die Buchrückseite. Dort hat sich aus der orientalisierend wirkenden Stadt eine moderne Metropole herausgebildet, mit hohen Häusern, überstrahlt von einer aufgehenden Sonne.

Die Weiterentwicklung ist durch zahlreiche Bezüge inspiriert. So wird die auf der Rückseite erscheinende Sonne bereits im Text erwähnt im Gespräch zwischen Herrn Kikeriki und Tam: „Siehst du dort den großen Feuerball, die Sonne, mitten im Morgenrot? (...) Dort liegt Jerusalem! Es ist aber sehr, sehr weit!“ (Seite 7).

Die hohen Häuser einer modernen Metropole zitieren zudem ein Gemälde des Illustrators. Der im Jahr 1887 in Polen geborene Victor Kosak lebte in Wien, konnte vielleicht schon vor dem beginnenden Krieg aus Europa fliehen. Er starb 1968 in den USA. In den 1950er-Jahren wird er sich in New Yorck City aufgehalten haben, wie aufgrund der Signatur des Gemäldes (siehe Bildunterschrift) vermutet werden kann.

F. V. Kosak: 7th Ave N.Y. – View From 11th Str. – St. Vincent Hospital, 1950
Abdruck mit freundlicher Genehmigung von John Merowski, Leighton Galleries, Waldwick, New Jersey.

Nicht zuletzt versucht die Weiterführung des Covernarrativs die Realität heutiger Städte wie Be'er Scheva, Nazareth und Tel Aviv-Jaffa im hochentwickelten Staat Israel aufzunehmen.

Typografie, Textfluss und Bearbeitung der Illustrationen

Für die Neuedition wurde statt des Formats Großoktav wurde das handelsübliche und in der Produktion preiswertere Format 21 x 14,8 cm gewählt. Entsprechend ist der Satzspiegel niedriger und schmaler. Der Umfang des Buches ist folglich deutlich angewachsen.

Kam in der Erstausgabe eine Frakturschrift zum Einsatz, verwendet die Neuedition eine serifenlose Antiqua: Die Wahl fiel auf die Schrift „Formata" des Typografen Bernd Möllenstädt. Bereits der Schriftschnitt regular ist mit einer konstanten, kräfigeren Strichstärke angelegt, sodass der Grauwert des Textblocks einen Kontrast zu den filigranen Illustrationen Viktor Kosaks bildet.

In der Erstausgabe umfließt der Text die Illustrationen. Das führt allerdings auch zu weniger schön gesetzten, schmalen Textkolumnen. Der Wechsel von der linken zur rechten Kolumne ist oft schwer auszumachen, was zu einem stockenden Lesefluss führt. In der Neuedition wurde auf das Umfließen der Illustrationen verzichtet, was auch in der Wahl des Buchformats mit dem schmaleren Satzspiegel begründet liegt.

Bereits in der Erstausgabe wirken die Linien der Illustrationen fragil, was an der Druckvorlage, am leicht rauhen, holzhaltigen Papier, das für den Druck verwendet wurde, wie auch am sparsamen Einsatz der Druckfarbe liegen kann. Bei der Wiedergabe der Illustrationen in der Neuedition sollte dieser fragil-filigrane Eindruck erhalten bleiben. Die Illustrationen wurden daher nicht nachgezeichnet, sondern fotografiert und die Dateien einzeln bearbeitet. Die Färbung des holzhaltigen und nachgedunkelten Papiers wurde entnommen, die Weißräume zwischen den Linien geputzt.

Die derart bearbeiteten Illustrationen sollten in der Neuedition prominenter platziert werden. Um zugleich ein ruhiges Layout entstehen zu lassen, wurden die unterschiedlich hohen und breiten Illustrationen der Erstausgabe für die Neuedition proportional skaliert und in der Breite des Satzspiegels eingefügt.

Vignetten, die den Anfang mehrerer Märchen und den Schluss von zweien zieren, wurden vermutlich eigens für dieses Buch erstellt. Auch die Vignetten wurden wie die Illustrationen digitalisiert, aufgearbeitet und in die Neuedition übernommen. Allerdings wurden die Schlussvignetten verschoben.

Spuren, koloriert

Eine besondere Erwähnung gilt der zweiten, teilkolorierten Illustration zum Märchen *Böse Geschichten aus Sodom*. Da die Erstausgabe einfarbig schwarz gedruckt ist und zudem die Kolorierung nicht professionell wirkt, kann davon ausgegangen werden, dass ein Leser oder eine Leserin des Buches – mutmaßlich ein Kind – diese eine Illustration in just diesem, der Neuedition dienenden Exemplar mit Buntstiften teilkoloriert hat. Die Teilkolorierung wurde bei der Erfassung konservierend bearbeitet. Die Illustration wird im Farbdruck wiedergegeben (Seite 27).

Neuentwicklung des Layouts

Der Satz des Texts der Erstausgabe erschien verbesserungswürdig. Es wurde teilweise ein unterschiedlich hoher Zeilendurchschuss verwendet, vermutlich um Seiten vertikal auszugleichen. Vor allem im vorderen Teil des Buches führen häufige Absatzwechsel zu einem sehr lückenhaften Satz. Auffallend sind in der Erstausgabe zudem einige Ungereimtheiten im Satz: Ein Sprecherwechsel bei direkter Rede wird – wie im Buchsatz weithin gebräuchlich – zumeist durch einen Zeilenwechsel hervorgehoben, jedoch gilt diese Regel nicht durchgängig. Das Kapitel V. des Märchens *Der böse Hersch* beginnt mit Versalie und großem Abstand vor, was sonst Kennzeichen der Überschrift der fünfundzwanzig Märchen ist. An einer Stelle kommt eine Schlussvignette (s. o.) zum Einsatz, wo sonst ein horizontaler Strich den Schluss der Märchen markiert.

Für die Neuedition sollte der Satz daher neu entwickelt werden. Das erschien schon aufgrund des kleineren Formats und des veränderten Umgangs mit den Illustrationen erforderlich. Der Satz der Neuausgabe ist registerhaltig, der Text zwar weiterhin im Blocksatz gesetzt, jedoch werden Folgeabsätze durch Einzüge markiert.

Die Regel, Sprecherwechsel durch neue Zeile zu kennzeichnen, wurde aufgehoben, und inhaltlich Zusammengehöriges in einem Absatz verbunden. Darüber hinaus wurden auch weitere der sehr zahlreichen Abschnittswechsel aufgelöst, mit dem Ziel, Sinneinheiten besser herauszuarbeiten und zugleich das Layout zu verbessern.

Eigenarten des Texts, Änderungen und Korrekturen

Die Wiedergabe des Texts orientiert sich durchgehend an der Fassung der Erstausgabe. Auf eine Überarbeitung des Texts hinsichtlich Rechtschreibung oder politisch-moralischer Kriterien wurde verzichtet. Es galt originalen Text wieder zugänglich zu machen.

Eigenarten des Texts wurden beibehalten, andere, zumal wenn sie nicht einheitlich durchgeführt waren, auch geändert.

Überaschenderweise wurde in der Erstausgabe die erste Schlussvignette nach dem Märchen *Der mißtrauische Apfel* eingefügt (siehe Seite 76 der Erstausgabe), obwohl noch weitere fünf Märchen sowie der Schluss der Rahmengeschichte folgen. In der Neuedition steht sie am Ende der Märchensammlung, vor dem Nachwort auf Seite 127. Die zweite Schlussvignette stand in der Erstausgabe nach dem Inhaltsverzeichnis und ist nun vor diesem platziert.

Beibehalten wurde die Behandlung der Überschriften wie vollständige Sätze, indem ein Punkt am Ende gesetzt wird. Der Titel des Märchens *Chamischa Assar beSchwat* (siehe Seite 99) ist in der Erstausgabe Teil der Titelzeichnung, wurde in der Neuedition jedoch im Format der Überschriften ergänzt. Geändert wurde die nicht einheitlich umgesetzte Reihenfolge von Komma und schließendem Anführungszeichen, wenn eine direkte Rede endet, der Satz jedoch weitergeführt wird. In der Neuedition wird nach gebräuchlicher Weise zuerst das schließende

Anführungszeichen und dann das Komma gesetzt. Auch die Schreibweise für Umlaute als Großbuchstaben, mittels Vokal + e wurde angepasst, statt Aegypten steht nun Ägypten, statt Oel Öl.

Zudem wurden einige offensichtliche Fehler im Text korrigiert: *Die belagerte Stadt*: Am nächsten Tage sahe ich > Am nächsten Tage sah ich *Das goldene Kalb*: wo sie zerbrochen liegen blieben, Dann > wo sie zerbrochen liegen blieben. Dann. *Der böse Hersch*: drei –, viermal > drei-, viermal; nicht sprechen und nicht Lachen vor Verwunderung > nicht sprechen und nicht lachen vor Verwunderung. *Das kleine Schrätlein*: „und böse wäre! Doch > „und böse wäre!" Doch. *Der lahme Josef*: erst heute ist so einköpfiger Mensch > erst heute ist so ein einköpfiger Mensch.

Inhaltsverzeichnis:

Märchen,
die der Bauer Jehuda an Festtagen gesehen hat.

Im Gans Verlag erschienen:

Historische Kinder- und Jugendbücher jüdisch-deutschsprachiger Autorinnen und Autoren, Band 1

Ilse Herlinger
Mendel Rosenbusch.
Geschichten für jüdische Kinder

Deutsch und Hebräisch mit Nikud
Übersetzung: David Abramov
Zeichnungen: Özgür Erkök Moroder
Nachwort: Dr. Annegret Völpel

Klappenbroschur mit Fadenheftung
192 Seiten, 14 Abbildungen
ISBN 978-3-946392-25-5

Die Deutsche Nationalbibliothek verzeichnet diese Publikation in der Deutschen Nationalbibliografie; detaillierte bibliografische Daten sind im Internet über http://dnb.dnb.de abrufbar.

Siegfried Abeles
Tams Reise durch die jüdische Märchenwelt
Fünfundzwanzig Kindermärchen nach jüdisch-volkstümlichen Motiven

Historische Kinder- und Jugendbücher
jüdisch-deutschsprachiger
Autorinnen und Autoren,
Band 2

www.gansverlag.de
ISBN 978-3-946392-18-7

Covergrafik und -gestaltung Amichai Green, Berlin
Gesetzt aus der Formata